Contrôle de l'État profond

Contrôle de l'État profond

Austin Barlow

CONTENTS

Clause de non-responsabilité

Le contenu présenté dans ce livre, « **Deep State Control: Unveiling the Hidden Network Shaping Global Policies** », est destiné à des fins d'information et d'éducation uniquement. Les théories, interprétations et opinions exprimées ici sont celles de l'auteur et ne reflètent pas nécessairement les points de vue d'une organisation, d'une institution ou d'un individu spécifique.

Bien que tous les efforts aient été faits pour garantir l'exactitude et la fiabilité des informations fournies, l'auteur et l'éditeur ne font aucune déclaration ni ne donnent aucune garantie quant à l'exhaustivité, l'exactitude ou la fiabilité du contenu. Les lecteurs sont encouragés à évaluer de manière critique les informations et à mener leurs propres recherches pour tirer leurs propres conclusions.

Ce livre explore diverses théories du complot, événements historiques et récits politiques, dont certains sont de nature spéculative. L'inclusion de ces sujets ne constitue pas une approbation d'une théorie ou d'un point de vue particulier . L'auteur et l'éditeur ne préconisent ni ne soutiennent aucune forme de désinformation, de mésinformation ou de théories du complot.

Ce livre n'a pas pour vocation de fournir des conseils juridiques, financiers ou professionnels. Les lecteurs doivent demander l'avis de professionnels qualifiés pour des préoccupations ou des questions spécifiques liées aux sujets abordés.

L'auteur et l'éditeur déclinent toute responsabilité pour tout dommage direct, indirect, accessoire ou consécutif découlant de l'utilisation ou de la confiance accordée aux informations contenues dans ce livre. Le lecteur assume l'entière responsabilité de son utilisation des informations et de toute action entreprise sur la base de celles-ci.

En lisant ce livre, vous reconnaissez et acceptez cette clause de non-responsabilité. Merci de votre compréhension et de votre intérêt pour le contenu de manière réfléchie et critique.

Introduction : Comprendre l'État profond

Aperçu du concept

L'expression « État profond » est devenue un élément important du discours politique contemporain, évoquant souvent des images de personnages obscurs opérant dans les coulisses pour manipuler les politiques et les actions des gouvernements. Mais que signifie exactement ce terme et d'où vient-il ?

Fondamentalement, le terme « État profond » désigne un réseau clandestin de fonctionnaires non élus, d'agences de renseignement et d'entités puissantes qui travailleraient ensemble pour contrôler les politiques nationales et mondiales, indépendamment du programme du gouvernement élu. Ce concept suggère qu'il existe une couche de pouvoir cachée au sein du gouvernement qui fonctionne indépendamment de l'administration en contact avec le public, et souvent en opposition à celle-ci.

L'origine du terme « État profond » remonte à la Turquie des années 1990, où il était utilisé pour décrire un réseau d'officiers militaires et de leurs alliés qui étaient censés influencer secrètement la politique du pays. Au fil du temps, le terme a été adopté par divers commentateurs politiques et théoriciens du complot du monde entier pour décrire des phénomènes similaires dans d'autres pays, notamment aux États-Unis.

Dans le contexte américain, le Deep State est souvent décrit comme une coalition de bureaucrates de carrière, d'agents du renseignement, de chefs militaires et de personnalités influentes du monde des affaires qui travailleraient ensemble pour maintenir leur pouvoir et leur influence. Ce réseau fonctionnerait par une combinaison d'actions secrètes, de manipulation des médias et de contrôle économique, le tout visant à orienter les politiques gouvernementales dans une direction qui profite à leurs intérêts.

Les croyances communes associées à l'État profond incluent l'idée que ce réseau caché est responsable d'événements et de décisions politiques majeurs, agissant souvent contre les intérêts du grand public . Les partisans de la théorie de l'État profond soutiennent que ce réseau a la capacité de manipuler les élections, de contrôler le récit médiatique et d'influencer les politiques économiques pour servir leurs propres intérêts [4]. Ils affirment que l'État profond fonctionne avec un degré élevé de secret, ce qui rend difficile pour le public de découvrir sa véritable nature et son étendue.

L'objectif de ce livre est d'approfondir le concept d'État profond, en explorant ses origines, ses acteurs clés, ses mécanismes de contrôle et son impact sur les politiques nationales et mondiales. En examinant les événements historiques, les études de cas et les exemples modernes, nous cherchons à fournir une compréhension globale de cette théorie controversée et de ses implications pour la démocratie et la gouvernance.

Pour nous lancer dans cette aventure, il est essentiel d'aborder le sujet avec un esprit ouvert et un œil critique. Si l'idée d'un État profond peut paraître farfelue pour certains, il est important de prendre en compte les preuves et les arguments présentés par les partisans et les critiques de la théorie. À travers cette exploration, nous espérons mettre en lumière les dynamiques complexes et souvent cachées qui façonnent notre monde, en encourageant les lecteurs à réfléchir de manière critique aux forces en jeu dans les coulisses.

Contexte historique

Le concept de gouvernement caché au sein du gouvernement n'est pas nouveau. Tout au long de l'histoire, diverses sociétés ont nourri des soupçons à l'égard de groupes secrets exerçant le pouvoir en coulisses. Ces soupçons ont souvent été alimentés par des périodes de troubles politiques, de bouleversements sociaux et de changements technologiques rapides.

Les premières mentions : L'idée d'une structure de pouvoir cachée remonte à l'Antiquité. Dans de nombreuses civilisations anciennes, on entendait parler de conseils secrets ou de conseillers obscurs qui influençaient les décisions des rois et des empereurs. Ces premières mentions ont jeté les bases du concept moderne d'État profond, suggérant que la notion de pouvoir caché est profondément ancrée dans l'histoire humaine.

Guerre froide : La guerre froide, qui s'étend de la fin des années 1940 au début des années 1990, a considérablement accru les soupçons d'opérations gouvernementales secrètes. À cette époque, les États-Unis et l'Union soviétique étaient engagés dans une lutte mondiale pour la domination, ce qui a conduit à une expansion sans précédent des agences de renseignement et des opérations secrètes. La création de la Central Intelligence Agency (CIA) en 1947 et de la National Security Agency (NSA) en 1952 a marqué le début d'une ère où la collecte de renseignements et les actions secrètes sont devenues essentielles aux stratégies de sécurité nationale.

La guerre froide a également vu l'essor du complexe militaro-industriel, terme popularisé par le président Dwight D. Eisenhower dans son discours d'adieu de 1961. Eisenhower a mis en garde contre l'influence croissante d'une puissante coalition de chefs militaires et de sous-traitants de la défense qui pourraient potentiellement exercer une influence indue sur les politiques gouvernementales. Cet avertissement a trouvé un écho auprès de l'opinion publique et a contribué à donner l'impression qu'un réseau de pouvoir caché opérait en coulisses.

Évolution de l'après-guerre froide : La fin de la guerre froide n'a pas atténué les soupçons d'activités gouvernementales secrètes. Au contraire, de nouveaux défis mondiaux et des avancées technologiques ont suscité de nouvelles inquiétudes. Dans les années

1990, le terme « État secret » est apparu en Turquie, où il a été utilisé pour décrire un réseau d'officiers militaires et de leurs alliés civils soupçonnés d'influencer secrètement la politique du pays. Ce concept s'est rapidement répandu dans d'autres parties du monde, y compris aux États-Unis.

Contexte moderne : À l'ère moderne, la théorie de l'État profond a gagné en popularité, notamment dans le contexte d'événements et de controverses politiques majeurs. L'assassinat du président John F. Kennedy en 1963, le scandale du Watergate dans les années 1970 et les révélations de la surveillance généralisée d'Edward Snowden en 2013 ne sont que quelques exemples d'événements qui ont alimenté les soupçons d'un gouvernement caché. Ces événements ont conduit de nombreuses personnes à croire qu'il existe un réseau de pouvoir clandestin fonctionnant indépendamment du gouvernement élu.

L'essor d'Internet et des réseaux sociaux a encore amplifié la théorie du Deep State. Les plateformes en ligne ont facilité la diffusion des théories du complot, permettant à leurs partisans de partager leurs idées avec un public mondial. Cela a conduit à une prolifération de récits du Deep State, chacun avec sa propre interprétation des personnes impliquées et de leurs objectifs ultimes.

En résumé, le contexte historique de la théorie de l'État profond révèle une suspicion de longue date à l'égard des structures de pouvoir cachées. Des rumeurs anciennes sur les conseils secrets aux allégations modernes d'opérations gouvernementales secrètes, l'idée d'un État profond a évolué au fil du temps, façonnée par les changements politiques, sociaux et technologiques. Comprendre ce contexte historique est essentiel pour explorer la théorie en profondeur et examiner ses implications pour la société contemporaine.

Objectif du livre

L'objectif de ce livre, « Deep State Control », est d'approfondir la théorie complexe et souvent controversée de l'État profond, en explorant ses origines, ses principaux acteurs, ses mécanismes de contrôle et l'impact profond qu'il a sur les politiques nationales et mondiales. En examinant les événements historiques, les études de cas et les exemples modernes, ce livre vise à fournir une compréhension globale de cette théorie et de ses implications pour la démocratie et la gouvernance.

Objectif : L'objectif premier de ce livre est d'offrir une exploration approfondie de la théorie du Deep State. Il s'agit de décortiquer les différents éléments qui constituent le Deep State, des responsables gouvernementaux et des agences de renseignement aux puissantes entreprises et entités financières. Ce faisant, le livre cherche à faire la lumière sur les dynamiques cachées qui, selon beaucoup, façonnent notre monde en coulisses. Cette exploration ne consiste pas seulement à présenter des faits et des chiffres, mais aussi à comprendre les motivations et les actions de ceux qui sont censés être impliqués dans le Deep State.

Portée : Le champ d'application de ce livre est large, englobant un large éventail de sujets liés à la théorie de l'État profond. Il couvrira le contexte historique de la théorie, retraçant ses racines et son évolution au fil du temps. Le livre se penchera également sur les principaux acteurs et institutions souvent impliqués dans les récits de l'État profond, tels que la CIA, le FBI, la NSA et les entités commerciales influentes. En outre, il explorera les mécanismes de contrôle prétendument employés par l'État profond, notamment la manipulation des médias, l'influence économique et la manipulation politique. En couvrant ces domaines, le livre vise à fournir une vision holistique de la théorie de l'État profond.

Méthodologie : Pour atteindre son objectif, ce livre utilise une méthodologie rigoureuse qui comprend des recherches approfondies, des entretiens et des analyses. Le volet recherche comprend un examen approfondi de la littérature existante sur la théorie de l'État profond, y compris des livres, des articles et des documents universitaires. Des entretiens avec des experts, des lanceurs d'alerte et des personnes ayant des connaissances privilégiées fourniront des témoignages et des informations de première main. L'analyse impliquera un examen critique des preuves et des arguments présentés à la fois par les partisans et les critiques de la théorie de l'État profond. Cette approche multidimensionnelle garantit que le livre est complet et fondé sur des sources crédibles.

Parcours du lecteur : Les lecteurs qui se lancent dans ce voyage peuvent s'attendre à acquérir une compréhension plus approfondie de la théorie du Deep State et de ses implications. Le livre est conçu pour être accessible à un large public, de ceux qui s'intéressent de manière occasionnelle aux théories du complot aux universitaires et chercheurs en quête d'une analyse complète. Chaque chapitre s'appuie sur le précédent, démêlant progressivement la toile complexe du Deep State. À la fin du livre, les lecteurs auront une perspective nuancée sur la théorie, dotés des connaissances nécessaires pour évaluer de manière critique sa validité et son impact.

En résumé, l'objectif de « Deep State Control » est de fournir une exploration détaillée et équilibrée de la théorie du Deep State. En examinant ses origines, ses principaux acteurs, ses mécanismes de contrôle et son impact, le livre vise à offrir aux lecteurs une compréhension globale de ce concept controversé. Au moyen de recherches rigoureuses, d'entretiens et d'analyses, le livre cherche à éclairer les dynamiques cachées qui, selon beaucoup, façonnent notre monde, encourageant les lecteurs à réfléchir de manière critique aux forces en jeu dans les coulisses.

Pertinence par rapport à l'actualité

Le concept d'État profond a gagné en popularité ces dernières années, notamment dans le contexte d'événements et de controverses politiques majeurs. Cette section explore la manière dont les exemples récents, l'influence des médias, la perception du public et l'impact politique ont amené la théorie de l'État profond dans le discours dominant.

Exemples récents : Plusieurs événements de grande envergure ont alimenté la théorie de l'État profond, renforçant la croyance selon laquelle un réseau de pouvoir caché opère en coulisses. L'un de ces événements est l'élection présidentielle américaine de 2016, au cours de laquelle les allégations d'ingérence et de manipulation de la part des agences de renseignement et d'autres entités étaient monnaie courante. Les partisans du candidat de l'époque, Donald Trump, ont souvent affirmé que l'État profond s'efforçait de saper sa campagne et, plus tard, sa présidence. Ces allégations ont été encore amplifiées par l'enquête sur l'ingérence russe dans l'élection, que beaucoup ont considérée comme la preuve d'une tentative secrète de contrôler les résultats politiques.

La pandémie de COVID-19 est un autre événement marquant. La propagation rapide du virus et les réponses gouvernementales qui en ont résulté ont donné lieu à de nombreuses spéculations sur le rôle de l'État profond. Des théories du complot ont émergé, suggérant que la pandémie avait été orchestrée ou exploitée par l'État profond pour étendre le contrôle et l'influence du gouvernement sur la population. Ces théories ont souvent été alimentées par la désinformation et la méfiance à l'égard des discours officiels, soulignant l'influence omniprésente du concept d'État profond en temps de crise.

Influence des médias : Le rôle des médias dans la perception du Deep State par le public ne peut être surestimé. Les médias traditionnels, ainsi que les plateformes de réseaux sociaux, ont joué un rôle crucial dans la diffusion et l'amplification des récits du Deep State. La couverture médiatique des scandales politiques, des fuites de renseignements et des actions gouvernementales inclut souvent des références au Deep State, directement ou indirectement. Cette couverture peut créer un sentiment de légitimité autour de la théorie, la rendant plus plausible aux yeux du grand public .

Les réseaux sociaux , en particulier, ont été un puissant outil de diffusion des théories du Deep State. Des plateformes comme Twitter, Facebook et YouTube permettent aux individus de partager leurs points de vue et de se connecter avec des personnes partageant les mêmes idées, créant ainsi des chambres d'écho où ces théories peuvent prospérer. La nature virale des réseaux sociaux signifie que les récits du Deep State peuvent atteindre rapidement un large public, souvent sans l'examen minutieux que pourraient appliquer les médias traditionnels. Cela a conduit à une prolifération de contenus du Deep State, allant d'analyses détaillées à des déclarations sensationnalistes.

Perception publique : La théorie de l'État profond a considérablement influencé la perception publique du gouvernement et la confiance dans les institutions. Les sondages et enquêtes indiquent qu'une partie substantielle de la population croit en l'existence d'un État profond, ce qui reflète une profonde méfiance à l'égard des responsables et des agences gouvernementales. Cette méfiance trouve souvent son origine dans des événements historiques où les actions du gouvernement ont été perçues comme secrètes ou trompeuses, comme le scandale du Watergate ou les révélations de la surveillance généralisée d'Edward Snowden.

La croyance en un État profond peut donner aux citoyens un sentiment d'impuissance, car ils ont l'impression que leurs représentants élus n'ont pas vraiment le contrôle de la situation. Cette perception peut éroder la confiance dans les processus et les institutions démocratiques, rendant plus difficile l'obtention d'un consensus et d' une coopération sur des questions importantes. Elle contribue également à un climat politique polarisé, dans lequel les individus sont plus susceptibles de considérer les points de vue opposés comme faisant partie d'un agenda caché plutôt que de différences d'opinion légitimes.

Impact politique : La théorie de l'État profond a eu un impact profond sur les mouvements politiques et la rhétorique populiste. Les politiciens et les dirigeants politiques invoquent souvent l'État profond pour rallier des soutiens et discréditer leurs opposants. Par exemple, pendant sa présidence, Donald Trump a souvent fait référence à l'État profond pour expliquer son opposition à ses politiques et à ses actions. Cette rhétorique a trouvé un écho auprès de ses partisans, qui y ont vu une confirmation de leurs soupçons concernant un réseau de pouvoir caché.

Les mouvements populistes du monde entier ont également adopté la théorie de l'État profond, l'utilisant pour présenter leurs luttes comme des combats contre une élite corrompue et enracinée. Ce discours peut être un puissant outil de mobilisation de soutien, car il exploite les frustrations et les craintes existantes concernant les excès de pouvoir et le manque de responsabilité des gouvernements. Cependant, il peut également approfondir les divisions et saper les efforts visant à relever des défis sociétaux complexes par le biais d'un dialogue et d'une coopération constructifs.

En résumé, la pertinence de la théorie de l'État profond dans l'actualité est évidente dans la façon dont elle façonne la perception du public, la couverture médiatique et le discours politique. En examinant des exemples récents, l'influence des médias, la perception du public et l'impact politique, nous pouvons mieux comprendre la nature omniprésente et souvent polarisante de cette théorie dans la société contemporaine.

Pensée critique et scepticisme

En explorant le concept d'État profond, il est essentiel de souligner l'importance de la pensée critique et d'un scepticisme éclairé. Ces outils sont essentiels pour naviguer dans les eaux complexes et souvent troubles des théories du complot, en veillant à aborder le sujet avec une perspective équilibrée et rationnelle.

Importance de la pensée critique : La pensée critique implique l'analyse et l'évaluation objectives d'un problème pour former un jugement. Elle nous oblige à remettre en question les hypothèses, à évaluer les preuves et à envisager des explications alternatives. En ce qui concerne la théorie de l'État profond, la pensée critique nous aide à faire la distinction entre les informations crédibles et les affirmations sans fondement. Elle nous encourage à regarder au-delà des gros titres sensationnalistes et à approfondir les faits et le contexte sous-jacents.

L'un des aspects clés de la pensée critique est la capacité à reconnaître les biais cognitifs qui peuvent déformer notre perception de la réalité. Par exemple, le biais de confirmation nous conduit à privilégier les informations qui confirment nos croyances préexistantes tout en ignorant les preuves qui les contredisent. En étant conscients de ces biais, nous pouvons nous efforcer d'aborder la théorie de l'État profond avec un esprit ouvert, prêt à considérer de multiples points de vue et preuves.

Vérification des faits : à une époque où la désinformation peut se propager rapidement, la vérification des faits est plus importante que jamais. La vérification des faits consiste à vérifier l'exactitude des informations avant de les accepter comme vraies. Ce processus est essentiel lors de l'examen de la théorie de l'État profond, car il nous aide à distinguer les faits de la fiction. Les organisations de vérification des faits fiables et les sources d'information crédibles jouent un rôle essentiel dans ce processus.

Lors de l'évaluation des allégations liées à l'État profond, il est important de tenir compte de la source des informations. Les sources fiables, telles que les agences de presse établies, les institutions universitaires et les analyses d'experts, sont plus susceptibles de fournir des informations précises et bien documentées. En revanche, les sources qui manquent de transparence ou qui ont l'habitude de diffuser de fausses informations doivent être abordées avec prudence.

Perspective équilibrée : Une perspective équilibrée implique de considérer à la fois les arguments pour et contre la théorie de l'État profond. S'il est important de reconnaître les préoccupations et les preuves présentées par les partisans de la théorie, il est tout aussi important de prendre en compte les contre-arguments et les critiques. Cette approche équilibrée nous aide à éviter de tomber dans le piège d'une pensée unilatérale et permet une compréhension plus nuancée du problème.

Les détracteurs de la théorie de l'État profond soutiennent souvent qu'elle simplifie à outrance les dynamiques politiques et sociales complexes. Ils soulignent que les actions et les politiques gouvernementales sont généralement le résultat d'une multitude de facteurs, notamment l'opinion publique, les conditions économiques et les relations internationales. En prenant en compte ces explications alternatives, nous pouvons développer une vision plus complète des forces qui façonnent notre monde.

Encourager le scepticisme éclairé : Le scepticisme éclairé consiste à remettre en question les affirmations et à rechercher des preuves avant de les accepter comme vraies. C'est une approche saine qui nous empêche de nous laisser facilement influencer par des affirmations sensationnalistes ou sans fondement. Dans le contexte de la théorie de l'État profond, le scepticisme éclairé nous encourage à évaluer de manière critique les preuves et à considérer les motivations derrière les affirmations formulées.

Le scepticisme doit être appliqué de manière cohérente à tous les côtés d'un argument. Cela signifie non seulement remettre en question les affirmations des partisans de l'État profond, mais aussi examiner de manière critique les contre-arguments présentés par les sceptiques. Ce faisant, nous pouvons éviter les pièges du scepticisme sélectif, où nous ne remettons en question que les informations qui remettent en cause nos croyances tout en acceptant sans esprit critique les informations qui les soutiennent.

Conclusion : Alors que nous approfondissons le concept de l'État profond, il est essentiel de garder la pensée critique et le scepticisme éclairé au premier plan de notre exploration. Ces outils nous permettent de naviguer dans les complexités de la théorie avec une perspective équilibrée et rationnelle, garantissant que nous abordons le sujet avec un esprit ouvert et un engagement à rechercher la vérité. Ce faisant, nous pouvons mieux comprendre les forces en jeu dans les coulisses et porter des jugements éclairés sur la validité et les implications de la théorie de l'État profond.

1

Chapitre 1 : Les origines de la théorie de l'État

Premières mentions et racines historiques

Le concept d'une structure de pouvoir cachée influençant les décisions des dirigeants et des gouvernements n'est pas nouveau. Tout au long de l'histoire, diverses sociétés ont nourri des soupçons à l'égard de groupes secrets exerçant le pouvoir en coulisses. Ces soupçons ont souvent été alimentés par des périodes de troubles politiques, de bouleversements sociaux et de changements technologiques rapides.

Civilisations antiques : L'idée d'une structure de pouvoir cachée remonte à l'Antiquité. Dans la Rome antique, par exemple, on entendait parler de conseils et de conseillers secrets qui influençaient les décisions des empereurs. Le Sénat romain, bien qu'étant une institution publique, fonctionnait souvent à huis clos et prenait des décisions qui façonnaient l'avenir de l'empire. De même, dans la Grèce antique, le concept d'« Aréopage » – un conseil des anciens – exerçait une influence considérable sur les décisions politiques, fonctionnant souvent dans le secret.

Dans la Chine antique, le concept de « mandat du ciel » suggérait que les dirigeants étaient choisis par des forces divines, mais on croyait également que des conseillers secrets et des eunuques au sein de la cour impériale détenaient un pouvoir considérable, manipulant souvent l'empereur à leurs propres fins. Ces premières mentions ont jeté les bases du concept moderne d'État profond, suggérant que la notion de pouvoir caché est profondément ancrée dans l'histoire humaine.

Périodes médiévale et Renaissance : Au cours de la période médiévale, l'influence des sociétés et des conseils secrets s'est accentuée. Dans l'Europe médiévale, les Templiers, un ordre militaire puissant et secret, étaient censés exercer une influence considérable sur les affaires politiques et économiques. Leur richesse et leurs relations leur permettaient d'opérer dans l'ombre, façonnant le cours de l'histoire d'une manière qui n'était pas toujours visible pour le public.

La Renaissance a vu l'émergence de familles puissantes, comme les Médicis en Italie, qui utilisaient leur richesse et leur influence pour contrôler les décisions politiques. La famille Médicis, par le biais de son empire bancaire, a eu une profonde influence sur la politique de Florence et au-delà, agissant souvent par des moyens secrets. Cette période a également vu l'émergence du concept de « raison d'État », qui justifiait le recours à des méthodes secrètes et parfois contraires à l'éthique pour atteindre des objectifs politiques.

Histoire moderne : Les Lumières et l'essor des États-nations ont apporté de nouvelles formes de gouvernance et de dynamiques de pouvoir secrètes. L'établissement de gouvernements centralisés et de bureaucraties a créé des opportunités pour l'émergence de réseaux d'influence cachés. Au XVIIIe siècle, les Illuminati de Bavière, une société secrète fondée par Adam Weishaupt, visaient à influencer les décisions politiques et à promouvoir les idéaux des Lumières. Bien que les Illuminati aient eu une existence de courte durée, leur héritage a contribué à la fascination durable pour les sociétés secrètes et les structures de pouvoir cachées.

Le XIXe siècle a vu l'émergence de puissants industriels et financiers qui ont exercé une influence considérable sur les gouvernements. Des personnalités comme JP Morgan et John D. Rockefeller ont utilisé leur pouvoir économique pour influencer les décisions politiques, souvent en agissant en coulisses. Le concept de « barons voleurs » est apparu à cette époque, soulignant la collusion perçue entre les élites fortunées et les représentants du gouvernement.

En résumé, les racines historiques de la théorie de l'État profond révèlent une suspicion de longue date à l'égard des structures de pouvoir cachées. Des rumeurs anciennes de conseils secrets à l'influence des sociétés secrètes médiévales et de la Renaissance, l'idée d'un État profond a évolué au fil du temps, façonnée par les changements politiques, sociaux et technologiques. Comprendre ces premières mentions et ces racines historiques est essentiel pour explorer la théorie en profondeur et examiner ses implications pour la société contemporaine.

La naissance des agences de renseignement modernes

La création des agences de renseignement modernes a marqué un tournant important dans l'histoire des opérations secrètes et des activités gouvernementales secrètes. Ces agences, nées de la nécessité en temps de conflit mondial, sont depuis devenues centrales dans le récit de l'État profond. Leur création et leur évolution ont alimenté les soupçons d'un gouvernement caché opérant dans les coulisses, manipulant les événements et les politiques pour servir ses propres intérêts.

Première et Seconde Guerre mondiale : les origines des agences de renseignement modernes remontent au début du XXe siècle, en particulier pendant les deux guerres mondiales. La Première Guerre mondiale a vu la création du Secret Intelligence Service (SIS) britannique, communément appelé MI6, en 1909. Le MI6 était chargé de recueillir des renseignements sur les puissances étrangères, un rôle qui est devenu de plus en plus crucial à mesure que la guerre progressait. Le succès du MI6 dans la fourniture de renseignements précieux a créé un précédent pour la création d'agences similaires dans d'autres pays.

La Seconde Guerre mondiale a accéléré le développement des agences de renseignement. Les États-Unis, reconnaissant la nécessité d'un effort coordonné de renseignement, ont créé l'Office of Strategic Services (OSS) en 1942. L'OSS était responsable de l'espionnage, du sabotage et d'autres opérations secrètes derrière les lignes ennemies. Ses activités pendant la guerre ont jeté les bases de la création de la Central Intelligence Agency (CIA) en 1947. La CIA a été créée en vertu du National Security Act, qui visait à centraliser et à rationaliser les efforts de renseignement américains face aux menaces mondiales émergentes.

Guerre froide : La guerre froide, qui s'étend de la fin des années 1940 au début des années 1990, est une période de rivalité intense entre les États-Unis et l'Union soviétique. Cette lutte géopolitique a conduit à l'expansion et à la consolidation des agences de renseignement des deux côtés. Aux États-Unis, la CIA et la nouvelle Agence de sécurité nationale (NSA) ont joué un rôle essentiel dans la collecte de renseignements et la conduite d'opérations secrètes.

La CIA , en particulier, est devenue synonyme d'activités clandestines. Ses opérations allaient du renversement de gouvernements étrangers à la surveillance de personnes soupçonnées de communisme aux États-Unis. L'implication de l'agence dans des événements tels que le coup d'État de 1953 en Iran et l'invasion de la Baie des Cochons à Cuba en 1961 a alimenté les soupçons d'un gouvernement caché manipulant les événements mondiaux. La NSA, créée en 1952, s'est concentrée sur le renseignement des signaux (SIGINT) et la surveillance électronique, élargissant encore la portée des capacités de renseignement américaines.

Du côté soviétique, le KGB (Comité pour la sécurité de l'État) a été créé en 1954, regroupant diverses fonctions de renseignement et de sécurité sous une seule organisation. Le KGB était responsable du renseignement intérieur et extérieur, et ses activités comprenaient l'espionnage, le contre-espionnage et la répression politique. La rivalité entre la CIA et le KGB est devenue un élément déterminant de la guerre froide, les deux agences se livrant à un jeu d'espionnage et d'opérations secrètes à enjeux élevés.

Opérations secrètes : La guerre froide a vu de nombreuses opérations secrètes menées par des agences de renseignement, dont beaucoup restent entourées de secret. Ces opérations impliquaient souvent de manipuler des événements politiques, de soutenir des insurrections et de mener une guerre psychologique. L'implication de la CIA dans l'opération Gladio, une initiative clandestine de l'OTAN visant à contrer l'influence communiste en Europe, en est un exemple. L'opération consistait à soutenir des groupes paramilitaires d'extrême droite et à mener des opérations sous fausse bannière pour discréditer les mouvements de gauche.

Un autre exemple notable est le programme MKUltra de la CIA , qui visait à développer des techniques de contrôle mental par l'utilisation de drogues et de manipulations psychologiques. Ce programme, qui a débuté dans les années 1950, impliquait des expériences contraires à l'éthique sur des sujets inconscients et reste l'un des épisodes les plus controversés de l'histoire de l'agence. Ces opérations secrètes, souvent menées sans surveillance ni responsabilité, ont contribué à donner l'impression d'un État profond opérant hors de portée des institutions démocratiques.

En résumé, la naissance des agences de renseignement modernes pendant les deux guerres mondiales et leur expansion pendant la guerre froide ont joué un rôle crucial dans la définition du Deep State. La création d'agences comme la CIA, la NSA et le KGB, ainsi que leur implication dans des opérations secrètes, ont alimenté les soupçons d'un gouvernement caché manipulant les événements en coulisses. Comprendre les origines et l'évolution de ces agences est essentiel pour explorer en profondeur la théorie du Deep State.

Le complexe militaro-industriel

Le concept de complexe militaro-industriel est une pierre angulaire du récit de l'État profond. Il fait référence à la relation étroite entre l'armée d'une nation, son gouvernement et les industries qui fournissent les équipements et services militaires. Cette relation est souvent considérée comme un réseau puissant et secret qui influence les politiques et les décisions nationales, souvent au détriment des processus démocratiques et des intérêts publics.

L'avertissement d'Eisenhower : Le terme « complexe militaro-industriel » a été popularisé par le président Dwight D. Eisenhower dans son discours d'adieu du 17 janvier 1961. Dans son discours, Eisenhower a mis en garde contre l'influence croissante de ce complexe, en soulignant que la conjonction d'un immense appareil militaire et d'une importante industrie d'armement était une nouveauté dans l'expérience américaine. Il a souligné que cette combinaison était susceptible d'exercer une influence indue sur la politique nationale, ce qui pourrait conduire à une distorsion des priorités et à une perte de contrôle démocratique.

L'avertissement d'Eisenhower était important car il provenait d'un ancien général cinq étoiles qui avait servi comme commandant suprême des forces expéditionnaires alliées en Europe pendant la Seconde Guerre mondiale. Sa connaissance du fonctionnement de l'armée et de ses relations avec l'industrie donnait un poids considérable à ses inquiétudes. Il a appelé à la vigilance et à une approche équilibrée pour s'assurer que le complexe militaro-industriel ne porte pas atteinte à la gouvernance démocratique.

Entreprises de défense et lobbyistes : Le complexe militaro-industriel se caractérise par les liens étroits qui existent entre les entreprises de défense, les lobbyistes et les représentants du gouvernement. Les entreprises de défense, comme Lockheed Martin, Boeing et Raytheon, jouent un rôle crucial dans l'approvisionnement de l'armée en technologies et en armements de pointe. Ces entreprises ont des intérêts financiers importants dans le maintien et l'augmentation des budgets militaires, ce qui les amène à exercer une influence considérable sur les décideurs politiques.

Les lobbyistes représentant les entreprises de défense travaillent sans relâche pour obtenir des contrats gouvernementaux et influencer la législation qui profite à leurs clients. Ils emploient souvent d'anciens officiers militaires et fonctionnaires du gouvernement qui ont des connaissances et des relations privilégiées, créant ainsi un phénomène de porte tournante entre l'armée, le gouvernement et le secteur privé. Ce phénomène de porte tournante soulève des inquiétudes quant aux conflits d'intérêts et à la possibilité que les décisions politiques soient motivées par des raisons de profit plutôt que par des impératifs de sécurité nationale.

La guerre du Vietnam et au-delà : La guerre du Vietnam est un parfait exemple de la façon dont le complexe militaro-industriel peut façonner la politique nationale. Le conflit prolongé, qui a duré de 1955 à 1975, a vu une augmentation massive des dépenses militaires et le déploiement d'armes de pointe. Les critiques affirment que la guerre a été prolongée, en partie, à cause des intérêts des entreprises de défense qui ont profité du conflit en cours.

L'influence du complexe militaro-industriel ne s'est pas arrêtée avec la guerre du Vietnam. Les conflits ultérieurs, comme la guerre du Golfe, la guerre d'Irak et la guerre d'Afghanistan, ont également été marqués par une implication importante des entreprises de défense. Ces entreprises ont fourni toutes sortes de services, depuis les armes et les véhicules jusqu'au soutien logistique et aux services de sécurité privés. La privatisation des fonctions militaires a encore brouillé les frontières entre intérêts publics et privés, soulevant des questions de responsabilité et de transparence.

Influence économique et politique : Le complexe militaro-industriel exerce une influence économique et politique considérable. L'industrie de la défense est un employeur majeur, fournissant des emplois à des millions de personnes et contribuant de manière significative à l'économie. Cet impact économique donne aux sous-traitants de la défense un pouvoir d'influence considérable sur les décideurs politiques, qui peuvent être réticents à réduire les dépenses militaires en raison des craintes de pertes d'emplois et de répercussions économiques.

Sur le plan politique, le complexe militaro-industriel est très présent à Washington. Les entreprises du secteur de la défense contribuent largement aux campagnes politiques et emploient des lobbyistes pour défendre leurs intérêts. Cette influence s'étend aux principaux comités du Congrès qui supervisent les dépenses et la politique de défense, garantissant ainsi que les intérêts du complexe militaro-industriel soient bien représentés dans les décisions législatives.

En résumé, le complexe militaro-industriel est un élément essentiel du discours sur l'État profond. L'avertissement d'Eisenhower sur son potentiel à exercer une influence indue sur la politique nationale reste d'actualité. Les liens étroits entre les sous-traitants de la défense, les lobbyistes et les responsables gouvernementaux, ainsi que le pouvoir économique et politique de l'industrie de la défense, contribuent à la perception d'un réseau caché manipulant les événements en coulisses. Comprendre le complexe militaro-industriel est essentiel pour explorer le concept plus large d'État profond et ses implications pour la démocratie et la gouvernance.

Scandales politiques et défiance du public

Les scandales politiques ont joué un rôle important dans la perception que le public a du gouvernement et dans l'alimentation du récit de l'État profond. Ces scandales révèlent souvent des opérations cachées, des comportements contraires à l'éthique et des abus de pouvoir, entraînant une baisse de la confiance du public et la conviction qu'un réseau secret manipule les événements en coulisses.

Scandale du Watergate : Le scandale du Watergate, qui a eu lieu au début des années 1970, est l'un des scandales politiques les plus célèbres de l'histoire américaine. Il a commencé par une effraction au siège du Comité national démocrate, dans le complexe de bureaux du Watergate à Washington, DC, et a finalement conduit à la démission du président Richard Nixon. Le scandale a révélé un large éventail d'activités illégales menées par des membres de l'administration Nixon, notamment des écoutes téléphoniques, des cambriolages et des tentatives de dissimulation de leurs actions.

Le scandale du Watergate a eu un impact profond sur la confiance du public envers le gouvernement. Il a révélé à quel point les responsables gouvernementaux pouvaient se livrer à des activités clandestines et illégales pour se maintenir au pouvoir. Les enquêtes et la couverture médiatique qui ont suivi ont mis en lumière les rouages internes de l'administration, ce qui a conduit de nombreuses personnes à croire que des forces cachées étaient à l'œuvre. L'héritage du scandale continue d'influencer la perception de la transparence et de la responsabilité du gouvernement.

Affaire Iran-Contra : Un autre scandale politique important qui a contribué à la montée du Deep State est l'affaire Iran-Contra des années 1980. Ce scandale impliquait de hauts fonctionnaires de l'administration Reagan qui facilitaient secrètement la vente d'armes à l'Iran, alors soumis à un embargo sur les armes, et qui utilisaient les recettes pour financer les rebelles Contras au Nicaragua. L'opération a été menée à l'insu du Congrès et sans son approbation, en violation de la loi américaine.

L'affaire Iran-Contra a révélé jusqu'où les responsables gouvernementaux pouvaient aller pour atteindre leurs objectifs, même s'ils devaient pour cela enfreindre la loi et tromper le public. Le scandale a donné lieu à de multiples enquêtes et condamnations, ce qui a encore érodé la confiance du public dans les institutions gouvernementales. Il a renforcé l'idée qu'un réseau caché de responsables pouvait opérer indépendamment du contrôle démocratique, manipulant les événements à ses propres fins.

L'après 11 septembre : Les événements du 11 septembre 2001 et la guerre contre le terrorisme qui a suivi ont également contribué à la perception d'un État profond. À la suite des attentats du 11 septembre, le gouvernement américain a mis en œuvre une série de mesures visant à renforcer la sécurité nationale, notamment le Patriot Act, qui a étendu les capacités de surveillance et réduit les libertés civiles. La création du Département de la sécurité intérieure et le pouvoir accru des agences de renseignement comme la NSA ont encore accru les inquiétudes quant aux excès du gouvernement.

Les révélations de lanceurs d'alerte comme Edward Snowden, qui a révélé l'étendue des programmes de surveillance de la NSA, ont renforcé la conviction que le gouvernement opère dans le secret, souvent à l'insu du public ou sans son consentement. Ces révélations ont donné lieu à de vastes débats sur la vie privée, la sécurité et l'équilibre des pouvoirs entre le gouvernement et ses citoyens. La perception selon laquelle un réseau caché surveille et contrôle la population est devenue un thème central du récit du Deep State.

Défiance du public : Les scandales politiques et les révélations de mauvaise conduite du gouvernement ont contribué de manière significative à la défiance du public envers les institutions gouvernementales. Les enquêtes et les sondages montrent systématiquement qu'une grande partie de la population estime que le gouvernement n'est pas transparent et qu'il cache des informations importantes au public. Cette méfiance est souvent exacerbée par la couverture médiatique des scandales et la propagation de théories du complot sur les réseaux sociaux.

La perte de confiance du public a des conséquences profondes sur la démocratie et la gouvernance. Lorsque les citoyens estiment que leur gouvernement n'agit pas dans leur intérêt, ils sont moins susceptibles de participer au processus politique, de voter ou de soutenir les politiques publiques. Cette érosion de la confiance peut conduire à une polarisation accrue, au cynisme et à un sentiment d'impuissance parmi les citoyens.

Impact sur le discours sur l'État profond : L'accumulation des scandales politiques et la défiance du public qui en résulte ont fourni un terrain fertile au discours sur l'État profond. Chaque nouvelle révélation de mauvaise conduite du gouvernement renforce la croyance qu'il existe un réseau de pouvoir caché opérant dans les coulisses. Ce discours est souvent utilisé par les dirigeants politiques et les mouvements populistes pour rallier des soutiens et discréditer leurs opposants, enracinant davantage l'idée d'un État profond dans la conscience publique.

En résumé, les scandales politiques tels que le Watergate et l'affaire Iran-Contra, ainsi que les mesures de sécurité prises après le 11 septembre, ont joué un rôle crucial dans la définition du Deep State. Ces événements ont révélé des opérations clandestines et des abus de pouvoir, entraînant une baisse de la confiance du public et la conviction qu'un réseau secret manipule les événements en coulisses. Il est essentiel de comprendre l'impact de ces scandales pour explorer le concept plus large de Deep State et ses implications pour la démocratie et la gouvernance.

La montée du discours sur l'État profond dans la culture populaire

Le concept d'État profond a non seulement imprégné le discours politique, mais a également trouvé une place importante dans la culture populaire. À travers les livres, les films, les émissions de télévision et les réseaux sociaux, le récit d'un gouvernement caché manipulant les événements en coulisses a été à la fois reflété et amplifié, façonnant la perception du public et alimentant l'acceptation généralisée de la théorie.

Livres et films : La littérature et le cinéma sont depuis longtemps fascinés par l'idée de structures de pouvoir secrètes. Des romans classiques comme « 1984 » de George Orwell et « Le Meilleur des mondes » d'Aldous Huxley explorent les thèmes de la surveillance et du contrôle gouvernementaux, en résonance avec le récit de l'État profond. Ces récits dystopiques, bien que fictifs, mettent en évidence les dangers potentiels d'un pouvoir incontrôlé et ont influencé la réflexion publique sur la possibilité d'un gouvernement caché.

Au cinéma, des films comme « Le candidat mandchou » (1962) et « Les trois jours du condor » (1975) se plongent dans le monde de l'espionnage et des opérations secrètes, dépeignant les agences de renseignement comme des entités puissantes capables de manipuler les événements dans l'ombre. Des films plus récents comme « Ennemi d'État » (1998) et « Snowden » (2016) poursuivent cette tradition, reflétant les préoccupations contemporaines concernant la surveillance et les excès de pouvoir du gouvernement.

Émissions de télévision : La télévision a également joué un rôle crucial dans la popularisation du récit du Deep State. Des émissions comme « The X-Files » (1993-2018) et « 24 » (2001-2010) dépeignent des complots gouvernementaux et des opérations secrètes, captivant le public par leur représentation d'agendas cachés et de personnages obscurs. « The X-Files », en particulier, est devenu un phénomène culturel, avec son slogan « The Truth Is Out There » qui résume l'essence de la théorie du Deep State.

Des séries plus récentes comme « House of Cards » (2013-2018) et « Homeland » (2011-2020) continuent d'explorer les thèmes des intrigues politiques et des opérations secrètes. Ces séries brouillent souvent les frontières entre fiction et réalité, s'appuyant sur des événements et des scandales réels pour créer des récits convaincants qui font écho aux soupçons des téléspectateurs sur les structures de pouvoir cachées.

Médias et réseaux sociaux : Les médias traditionnels et les réseaux sociaux ont joué un rôle déterminant dans la diffusion et le renforcement des récits du Deep State. La couverture médiatique des scandales politiques, des fuites de renseignements et des actions gouvernementales inclut souvent des références au Deep State, directement ou indirectement. Cette couverture peut créer un sentiment de légitimité autour de la théorie, la rendant plus plausible aux yeux du grand public .

Les réseaux sociaux comme Twitter, Facebook et YouTube ont amplifié la portée des récits du Deep State, permettant aux individus de partager leurs points de vue et de se connecter avec des personnes partageant les mêmes idées. La nature virale des réseaux sociaux signifie que le contenu du Deep State peut rapidement atteindre un large public, souvent sans l'examen minutieux que pourraient appliquer les médias traditionnels. Cela a conduit à une prolifération de théories du Deep State, allant d'analyses détaillées à des affirmations sensationnalistes.

Personnalités publiques et théoriciens du complot : Les personnalités publiques et les théoriciens du complot ont joué un rôle important dans l'introduction de la théorie de l'État profond dans le discours dominant. Les politiciens, les commentateurs et les influenceurs invoquent souvent l'État profond pour expliquer leur opposition à leurs programmes ou pour rallier des soutiens. Par exemple, pendant sa présidence, Donald Trump a souvent fait référence à l'État profond pour expliquer la résistance à ses politiques et à ses actions. Cette rhétorique a trouvé un écho auprès de ses partisans, qui y ont vu une confirmation de leurs soupçons concernant un réseau de pouvoir caché.

Les théoriciens du complot comme Alex Jones et les sites Internet comme Infowars ont également joué un rôle important dans la diffusion des récits du Deep State. Ces personnalités se présentent souvent comme des chercheurs de vérité, révélant des agendas cachés et des opérations secrètes. Leurs contenus, bien que souvent dépourvus de preuves crédibles, séduisent ceux qui sont déjà sceptiques à l'égard des récits traditionnels et de la transparence gouvernementale.

Impact sur la perception du public : La représentation de l'État profond dans la culture populaire a eu un impact profond sur la perception du public. En présentant l'idée d'un gouvernement caché de manière convaincante et pertinente, les livres, les films, les émissions de télévision et les médias sociaux ont rendu le concept plus accessible et plus crédible. Ce renforcement culturel a contribué à l'acceptation généralisée de la théorie de l'État profond, façonnant la façon dont les gens perçoivent leur gouvernement et le monde qui les entoure.

En résumé, l'essor du discours sur l'État profond dans la culture populaire a joué un rôle crucial dans la perception du public et dans l'acceptation généralisée de cette théorie. À travers la littérature, le cinéma, la télévision et les réseaux sociaux, l'idée d'un gouvernement caché manipulant les événements en coulisses a été à la fois reflétée et amplifiée, ce qui en fait un thème central du discours contemporain. Il est essentiel de comprendre cette influence culturelle pour explorer le concept plus large d'État profond et ses implications pour la société.

Chapitre 2 : Acteurs et institutions clés

Fonctionnaires du gouvernement

La théorie de l'État profond implique souvent des hauts fonctionnaires du gouvernement, des bureaucrates de carrière et des conseillers influents qui sont censés agir dans les coulisses, façonnant les politiques et les décisions indépendamment des dirigeants élus. Cette section explore les rôles et l'influence de ces acteurs clés au sein du gouvernement.

Les hommes politiques de haut rang : Au premier plan du discours sur l'État profond se trouvent les hommes politiques de haut rang, notamment les présidents, les premiers ministres et les membres du cabinet. Ces personnes sont souvent considérées comme le visage public du gouvernement, mais la théorie suggère que leurs actions et leurs décisions sont fortement influencées, voire contrôlées, par un réseau de pouvoir caché. Par exemple, l'idée selon laquelle les présidents ne sont que des figures de proue alors que le véritable pouvoir appartient à des fonctionnaires non élus est un thème récurrent dans les discussions sur l'État profond.

Parmi les exemples historiques souvent cités figurent les administrations de Franklin D. Roosevelt et de John F. Kennedy. Les politiques du New Deal de Roosevelt et la gestion de la crise des missiles cubains par Kennedy sont considérées par certains comme des exemples où l'État profond a exercé son influence pour orienter la politique nationale. Plus récemment, les présidences de Barack Obama et de Donald Trump ont été scrutées pour des allégations d'ingérence de l'État profond, les deux dirigeants étant accusés d'être sapés par des bureaucrates et des agents du renseignement bien établis.

Les bureaucrates de carrière : Les bureaucrates de carrière, ou fonctionnaires, sont un autre élément essentiel de la théorie de l'État profond. Ces individus restent souvent à leur poste quels que soient les changements de direction politique, assurant ainsi la continuité et la stabilité au sein du gouvernement. Cependant, leur longue expérience et leur connaissance approfondie des institutions en font également des acteurs puissants capables d'influencer les politiques et la prise de décision en coulisses.

Cette théorie postule que ces bureaucrates peuvent résister ou subvertir les programmes des élus, en veillant à ce que certaines politiques et pratiques restent inchangées. Cette résistance est souvent présentée comme une défense du statu quo ou des intérêts de la bureaucratie elle-même. On peut citer comme exemple le Département d'État et le Département de la Défense, où les fonctionnaires de carrière sont censés exercer une influence significative sur les politiques étrangères et de défense.

Conseillers et assistants : Les conseillers et assistants clés des politiciens de haut rang sont également considérés comme des figures centrales au sein de l'État profond. Ces personnes entretiennent souvent des relations personnelles étroites avec leurs mandants et se voient confier des informations sensibles et des décisions stratégiques. Leur proximité avec le pouvoir leur permet de façonner les politiques et d'influencer les décisions d'une manière qui n'est pas toujours visible pour le public.

Parmi les exemples notables, citons Henry Kissinger, qui a été conseiller à la sécurité nationale et secrétaire d'État sous les présidents Nixon et Ford. Le rôle de Kissinger dans l'élaboration de la politique étrangère américaine pendant la guerre froide est souvent cité comme preuve de l'influence que peuvent exercer les conseillers. De même, des personnalités plus récentes comme Steve Bannon, qui a été stratège en chef du président Trump, ont été considérées comme des acteurs clés dans la promotion de programmes spécifiques au sein de l'administration.

La porte tournante : Le concept de « porte tournante » entre le gouvernement et le secteur privé complique encore davantage le récit de l'État profond. Ce phénomène fait référence au mouvement des individus entre des rôles au sein du gouvernement et des postes dans le secteur privé, en particulier dans des secteurs comme la défense, la finance et la technologie. La porte tournante est considérée comme un moyen pour les intérêts privés d'exercer une influence sur les politiques et les décisions du gouvernement.

Par exemple, d'anciens fonctionnaires du gouvernement occupent souvent des postes lucratifs auprès d'entreprises de défense ou de cabinets de lobbying, mettant à profit leurs connaissances et leurs relations privilégiées pour aider leurs nouveaux employeurs. À l'inverse, des cadres de grandes entreprises peuvent être nommés à des postes clés du gouvernement, où ils peuvent façonner des politiques qui favorisent leur secteur. Cet échange entre les secteurs public et privé est considéré comme un mécanisme par lequel l'État profond maintient son influence.

Conclusion : Le rôle des politiciens de haut rang, des bureaucrates de carrière, des conseillers et la porte tournante entre le gouvernement et le secteur privé sont au cœur de la théorie de l'État profond. Ces acteurs clés sont censés agir dans les coulisses, façonnant les politiques et les décisions de manière à servir leurs intérêts et à maintenir leur pouvoir. Comprendre l'influence de ces individus est essentiel pour explorer le concept plus large de l'État profond et ses implications pour la démocratie et la gouvernance.

Agences de renseignement

Les agences de renseignement sont souvent au cœur du discours sur l'État profond. Ces organisations, chargées de recueillir des informations et de mener des opérations secrètes, sont considérées comme des entités puissantes capables d'influencer les événements nationaux et mondiaux en coulisses. Cette section explore le rôle des principales agences de renseignement, leur contexte historique et leur implication présumée dans l'État profond.

CIA et NSA : La Central Intelligence Agency (CIA) et la National Security Agency (NSA) sont deux des agences de renseignement les plus importantes des États-Unis. Créée en 1947, la CIA est chargée de recueillir des renseignements étrangers et de mener des opérations secrètes. Ses activités vont de l'espionnage à l'influence sur les gouvernements étrangers, souvent par des moyens clandestins. L'implication de la CIA dans des événements tels que le coup d'État de 1953 en Iran et l'invasion de la Baie des Cochons à Cuba en 1961 a alimenté les soupçons quant à son rôle dans la manipulation de la politique mondiale.

Créée en 1952, la NSA se consacre au renseignement des signaux (SIGINT) et à la surveillance électronique. Sa mission est de surveiller et d'analyser les communications pour protéger la sécurité nationale. Les capacités de la NSA se sont considérablement développées grâce aux progrès technologiques, lui permettant d'intercepter et d'analyser de vastes quantités de données. Les révélations du lanceur d'alerte Edward Snowden en 2013 ont révélé l'étendue des programmes de surveillance de la NSA, notamment la collecte de données téléphoniques et Internet de millions de personnes dans le monde. Ces révélations ont renforcé la perception d'un réseau caché surveillant et contrôlant les informations.

Le FBI et la surveillance intérieure : Le Federal Bureau of Investigation (FBI) joue un rôle crucial dans le renseignement intérieur et le contre-espionnage. Créé en 1908, le FBI est notamment chargé d'enquêter sur les crimes fédéraux, de lutter contre le terrorisme et de protéger les droits civiques. Cependant, son implication dans la surveillance intérieure a suscité des inquiétudes quant à son rôle dans l'État profond.

Pendant la guerre froide, le FBI a mené une surveillance intensive des communistes et des militants politiques présumés dans le cadre de programmes comme COINTELPRO (Counter Intelligence Program). Ces opérations, souvent menées sans surveillance appropriée, visaient les militants des droits civiques, les militants anti-guerre et d'autres voix dissidentes. Les actions du FBI pendant cette période ont été critiquées pour avoir violé les libertés civiles et contribué à donner l'impression d'une agence gouvernementale secrète agissant au-delà de la loi.

Réseaux internationaux de renseignement : La collaboration entre les agences de renseignement américaines et leurs homologues internationales est un autre aspect essentiel du récit de l'État profond. Des agences comme la CIA et la NSA travaillent en étroite collaboration avec des services de renseignement étrangers, comme le MI6 britannique, le Mossad israélien et le Service canadien du renseignement de sécurité (SCRS). Ces partenariats facilitent le partage de renseignements, les opérations conjointes et les efforts coordonnés pour faire face aux menaces mondiales.

L'alliance « Five Eyes », un réseau de renseignement coopératif composé des États-Unis, du Royaume-Uni, du Canada, de l'Australie et de la Nouvelle-Zélande, en est un exemple notable. Cette alliance permet aux pays membres de partager des renseignements et de mener des opérations de surveillance conjointes. La portée et les capacités étendues de ces réseaux contribuent à la perception d'un État profond mondial, dans lequel les agences de renseignement opèrent avec une autonomie et une influence considérables.

Opérations secrètes et opérations secrètes : les agences de renseignement sont souvent impliquées dans des opérations secrètes et des « opérations secrètes » (black ops), qui sont des missions secrètes menées à l'insu du public et sans qu'il y ait de comptes à rendre. Ces opérations peuvent inclure des assassinats, des sabotages et une guerre psychologique. L'implication de la CIA dans des opérations secrètes pendant la guerre froide, comme l'opération Gladio en Europe et le soutien aux insurrections anticommunistes en Amérique latine, illustre le rôle de l'agence dans les activités clandestines.

Le recours aux opérations secrètes se poursuit à l'ère moderne, les agences de renseignement menant des opérations dans des zones de conflit comme l'Afghanistan, l'Irak et la Syrie. Ces missions, souvent entourées de secret, contribuent à donner l'impression qu'un gouvernement caché manipule les événements en coulisses. Le manque de transparence et de surveillance de ces opérations soulève des questions sur la responsabilité et le risque d'abus de pouvoir.

Conclusion : Les agences de renseignement comme la CIA, la NSA et le FBI jouent un rôle central dans le récit de l'État profond. Leur implication dans des opérations secrètes, la surveillance nationale et les réseaux de renseignement internationaux contribue à la perception d'un gouvernement caché manipulant les événements en coulisses. Comprendre les rôles et les activités de ces agences est essentiel pour explorer le concept plus large de l'État profond et ses implications pour la démocratie et la gouvernance.

Influence militaire

Le rôle de l'armée dans le récit du Deep State est important, souvent décrit comme une force puissante qui façonne les politiques et les décisions de sécurité nationale en coulisses. Cette section explore l'influence du Pentagone, du ministère de la Défense, des chefs d'état-major interarmées et des entrepreneurs militaires privés dans le contexte du Deep State.

Pentagone et ministère de la Défense : Le Pentagone, qui abrite le ministère de la Défense des États-Unis (DoD), est une figure centrale de la théorie de l'État profond. Le DoD est chargé de superviser toutes les branches de l'armée américaine et de mettre en œuvre les politiques de défense nationale. Avec un budget annuel supérieur à 700 milliards de dollars, le DoD exerce une influence considérable sur les dépenses gouvernementales et les décisions politiques.

L'influence du Pentagone s'étend au-delà des opérations militaires traditionnelles. Il joue un rôle crucial dans l'élaboration de la politique étrangère, en travaillant souvent en étroite collaboration avec les agences de renseignement et d'autres ministères. L'implication du Département de la Défense dans les conflits du monde entier, du Moyen-Orient à l'Asie, souligne son importance stratégique. Les critiques soutiennent que les vastes ressources et les priorités stratégiques du Pentagone peuvent parfois éclipser la surveillance civile, contribuant à la perception d'un agenda militaire caché.

Comité des chefs d'état-major interarmées : Le Comité des chefs d'état-major interarmées (JCS) est un organe composé de hauts responsables militaires qui conseillent le président, le secrétaire à la Défense et le Conseil de sécurité nationale sur les questions militaires. Le JCS comprend le président, le vice-président et les chefs de l'armée de terre, de la marine, de l'armée de l'air, du corps des Marines et de la force spatiale. Ces dirigeants sont chargés de fournir des orientations stratégiques et de garantir l'état de préparation des forces armées.

L'influence du JCS sur la politique de sécurité nationale est considérable. Son expertise et ses connaissances stratégiques façonnent les opérations militaires et la planification de la défense. Le rôle du JCS en tant que conseiller auprès des plus hauts niveaux du gouvernement signifie que ses points de vue peuvent fortement influencer les décisions sur les questions de guerre et de paix. Cette capacité de conseil, combinée à son contrôle opérationnel, positionne le JCS comme un acteur clé dans le récit de l'État profond, où les dirigeants militaires sont considérés comme façonnant la politique en coulisses.

Entreprises militaires privées : L'essor des entreprises militaires privées (EMP) a ajouté une nouvelle dimension à l'influence de l'armée au sein de la théorie de l'État profond. Les EMP sont des entreprises privées qui fournissent une gamme de services militaires, notamment la sécurité, la logistique et les opérations de combat. Des entreprises comme Blackwater (aujourd'hui Academi), DynCorp et Triple Canopy ont joué un rôle de premier plan dans des conflits tels que la guerre en Irak et la guerre en Afghanistan.

Le recours aux SMP permet au gouvernement d'accroître ses capacités militaires sans le contrôle politique et public qui accompagne le déploiement de troupes régulières. Cette externalisation des fonctions militaires à des entités privées suscite des inquiétudes en matière de responsabilité et de transparence. Les SMP opèrent dans le cadre de contrats souvent classifiés, ce qui rend difficile l'évaluation de leurs actions et de leur impact. L'implication des SMP dans des incidents controversés, comme le massacre de la place Nisour à Bagdad, a encore renforcé les soupçons d'un agenda militaire caché opérant en dehors des limites de la surveillance publique.

Complexe militaro-industriel : Le concept de complexe militaro-industriel, tel que le président Dwight D. Eisenhower l'a mis en garde dans son discours d'adieu de 1961, reste d'actualité dans les discussions sur l'État profond. Le complexe militaro-industriel fait référence à la relation étroite entre l'armée, les sous-traitants de la défense et les responsables gouvernementaux. Cette relation est caractérisée par des intérêts mutuels dans le maintien et l'expansion des dépenses et des capacités militaires.

Les entreprises de défense comme Lockheed Martin, Boeing et Raytheon sont des acteurs majeurs du complexe militaro-industriel. Ces entreprises produisent des armes et des technologies de pointe pour l'armée, et leur réussite financière est étroitement liée aux contrats gouvernementaux. La porte tournante entre le Pentagone et les entreprises de défense, où d'anciens responsables militaires occupent des postes dans l'industrie de la défense et vice-versa, renforce la perception d'un réseau très soudé qui influence la politique et les dépenses de défense.

Conclusion : L'influence de l'armée dans le discours sur l'État profond est multiforme, englobant les rôles du Pentagone, des chefs d'état-major interarmées, des entreprises militaires privées et du complexe militaro-industriel. Ces entités sont considérées comme des forces puissantes qui façonnent les politiques et les décisions en matière de sécurité nationale, opérant souvent avec une autonomie et une influence importantes. Comprendre le rôle de l'armée est essentiel pour explorer le concept plus large d'État profond et ses implications pour la démocratie et la gouvernance.

Pouvoir des entreprises

Le pouvoir des entreprises est un élément important du récit du Deep State, souvent décrit comme la force motrice des agendas cachés et des décisions politiques. Cette section explore le rôle des principaux sous-traitants de la défense, des entreprises technologiques et des institutions financières, ainsi que leur influence présumée au sein du Deep State.

Entreprises de défense : les entreprises de défense sont au cœur du complexe militaro-industriel, un terme popularisé par le président Dwight D. Eisenhower. Des entreprises comme Lockheed Martin, Boeing et Raytheon comptent parmi les plus grandes entreprises de défense au monde, fournissant des armes, des technologies et des services de pointe à l'armée. Ces entreprises ont des intérêts financiers substantiels dans le maintien et l'augmentation des budgets militaires, ce qui peut leur permettre d'exercer une influence significative sur les politiques de défense et les dépenses gouvernementales.

Les relations entre les entreprises de défense et le gouvernement sont souvent caractérisées par un système de portes tournantes, dans lequel d'anciens responsables militaires occupent des postes dans l'industrie de la défense et vice-versa. Cet échange permet aux entreprises de défense de tirer parti de leurs connaissances et de leurs relations privilégiées pour décrocher des contrats lucratifs et influencer les décisions politiques. L'influence des entreprises de défense est encore renforcée par leurs efforts de lobbying, qui visent à convaincre les législateurs et les décideurs politiques en faveur d'une augmentation des dépenses de défense et d'une réglementation favorable.

Big Tech et surveillance : les entreprises technologiques, en particulier celles impliquées dans la collecte de données et la surveillance, sont également considérées comme des acteurs clés du Deep State. Des entreprises comme Google, Facebook et Amazon ont accumulé de vastes quantités de données sur les individus, qui peuvent être utilisées à diverses fins, notamment la publicité ciblée, les études de marché et, potentiellement, la surveillance gouvernementale.

La collaboration entre les entreprises technologiques et les agences gouvernementales a suscité des inquiétudes quant à la protection de la vie privée et des libertés civiles. Des programmes comme PRISM, révélés par Edward Snowden, ont montré comment la NSA accédait aux données des grandes entreprises technologiques pour surveiller les communications et recueillir des renseignements. Ce partenariat entre les grandes entreprises technologiques et les agences de renseignement contribue à la perception d'un État profond qui surveille et contrôle les informations, souvent à l'insu du public ou sans son consentement.

Institutions financières : Les grandes institutions financières, telles que Goldman Sachs, JPMorgan Chase et Citigroup, sont souvent impliquées dans le récit du Deep State en raison de leur influence considérable sur les politiques et les décisions économiques. Ces institutions ont un pouvoir considérable pour façonner les marchés financiers, influencer les taux d'intérêt et déterminer les flux de capitaux.

L'influence du secteur financier est évidente dans les liens étroits qui unissent Wall Street et les responsables gouvernementaux. De nombreux responsables gouvernementaux de haut rang, notamment les secrétaires au Trésor et les présidents de la Réserve fédérale, ont travaillé dans de grandes institutions financières. Cette porte tournante entre les postes à Wall Street et au gouvernement permet aux institutions financières d'exercer une influence considérable sur la politique économique, en donnant souvent la priorité à leurs intérêts plutôt qu'à ceux du grand public .

Lobbying et influence des entreprises : Le lobbying des entreprises est un outil puissant utilisé par les entreprises pour influencer la législation et les décisions politiques. Les lobbyistes représentant divers secteurs, notamment la défense, la technologie et la finance, s'efforcent de façonner les lois et les réglementations de manière à ce qu'elles profitent à leurs clients. Cet effort de lobbying implique souvent des contributions financières importantes aux campagnes politiques, ce qui crée une dépendance aux dons des entreprises parmi les élus.

L'influence du lobbying des entreprises s'étend aux principaux comités du Congrès et aux organismes de réglementation, où sont prises des décisions qui ont un impact sur des secteurs entiers. La capacité des entreprises à façonner les politiques par le biais de leurs efforts de lobbying renforce la perception d'un État profond, où de puissantes entités opèrent en coulisses pour faire avancer leurs intérêts.

Conclusion : Le pouvoir des entreprises, qu'il s'agisse des entreprises de défense, des entreprises technologiques ou des institutions financières, joue un rôle crucial dans le récit de l'État profond. Ces entités sont considérées comme des forces influentes qui façonnent les politiques et les décisions, opérant souvent avec une autonomie et une influence importantes. La porte tournante entre le gouvernement et l'industrie privée, ainsi que les efforts considérables de lobbying, contribuent à la perception d'un réseau caché manipulant les événements en coulisses. Il est essentiel de comprendre le rôle du pouvoir des entreprises pour explorer le concept plus large de l'État profond et ses implications pour la démocratie et la gouvernance.

Médias et opinion publique

Les médias jouent un rôle crucial dans la formation de l'opinion publique et sont souvent impliqués dans le discours sur l'État profond. Cette section explore l'influence des médias grand public, des médias alternatifs, des lanceurs d'alerte et des réseaux sociaux dans la diffusion et le renforcement des théories de l'État profond.

Les médias grand public : les principaux médias, comme les grandes chaînes de télévision, les journaux et les sites d'information, sont des outils puissants pour façonner la perception du public. Ces médias sont souvent accusés d'être complices de l'État profond, soit en promouvant certains récits, soit en omettant de rendre compte des problèmes qui remettent en cause le statu quo. Les critiques soutiennent que les médias grand public servent les intérêts des élites puissantes, en offrant une tribune aux responsables gouvernementaux et aux chefs d'entreprise tout en marginalisant les voix dissidentes.

La consolidation de la propriété des médias a encore renforcé ces soupçons. Un petit nombre de conglomérats contrôlent une part importante du paysage médiatique, ce qui suscite des inquiétudes quant au manque de diversité des points de vue et au potentiel de coordination des messages. Cette concentration du pouvoir médiatique est considérée comme un mécanisme par lequel l'État profond peut influencer l'opinion publique et garder le contrôle sur le récit.

Médias alternatifs et lanceurs d'alerte : Contrairement aux médias traditionnels, les médias alternatifs se positionnent souvent comme des challengers du discours dominant. Ces médias, qui comprennent des sites d'information indépendants, des blogs et des podcasts, offrent une plateforme aux voix qui sont souvent exclues de la couverture médiatique traditionnelle. Ils jouent un rôle crucial dans la révélation des opérations cachées et la remise en question des discours officiels, contribuant ainsi à la diffusion des théories de l'État profond.

Les lanceurs d'alerte sont également des acteurs clés de cette dynamique. Des individus comme Edward Snowden, Chelsea Manning et Julian Assange ont révélé des informations classifiées qui ont révélé des abus et des programmes de surveillance du gouvernement. Leurs révélations ont fourni des preuves concrètes à ceux qui croient en l'existence d'un État profond, soulignant l'écart entre les connaissances du public et la réalité des opérations gouvernementales.

Influence des médias sociaux : les plateformes de médias sociaux comme Twitter, Facebook et YouTube ont révolutionné la manière dont l'information est diffusée et consommée. Ces plateformes permettent aux individus de partager leurs points de vue et de se connecter avec des personnes partageant les mêmes idées, créant ainsi des chambres d'écho où les théories de l'État profond peuvent prospérer. La nature virale des médias sociaux signifie que le contenu peut rapidement atteindre un large public, souvent sans l'examen minutieux que pourraient appliquer les médias traditionnels.

Les algorithmes des réseaux sociaux, conçus pour maximiser l'engagement, privilégient souvent les contenus sensationnalistes et controversés. Cela peut conduire à l'amplification des théories du complot, car les publications qui provoquent de fortes réactions sont plus susceptibles d'être partagées et vues par d'autres. La diffusion de fausses informations et de désinformation sur les réseaux sociaux est devenue une préoccupation majeure, les plateformes ayant du mal à trouver un équilibre entre la liberté d'expression et la nécessité d'empêcher la diffusion de contenus préjudiciables.

Impact sur la perception du public : L'influence des médias et des réseaux sociaux sur la perception du public est profonde. Les enquêtes et sondages indiquent qu'une part importante de la population croit en l'existence d'un État profond. Cette croyance est souvent renforcée par la couverture médiatique des scandales politiques, des fuites de renseignements et des actions gouvernementales qui suggèrent des agendas cachés et des opérations secrètes.

La polarisation de la consommation des médias aggrave encore davantage ce problème. Les gens ont tendance à consommer des informations provenant de sources qui correspondent à leurs croyances préexistantes, ce qui conduit à un paysage médiatique fragmenté dans lequel différents segments de la population ont des conceptions très différentes de la réalité. Cette polarisation peut approfondir les divisions et rendre plus difficile l'obtention d'un consensus sur des questions importantes.

Conclusion : Les médias, qu'ils soient traditionnels, alternatifs, lanceurs d'alerte ou réseaux sociaux, jouent un rôle crucial dans la formation de l'opinion publique et le renforcement des théories de l'État profond. La consolidation de la propriété des médias, l'essor des plateformes alternatives et la nature virale des réseaux sociaux contribuent à la perception d'un réseau caché manipulant les événements en coulisses. Il est essentiel de comprendre l'influence des médias et de l'opinion publique pour explorer le concept plus large d'État profond et ses implications pour la démocratie et la gouvernance.

Chapitre 3 : Mécanismes de contrôle

Manipulation des médias

La manipulation des médias est un mécanisme central par lequel l'État profond est censé contrôler la perception du public et maintenir son influence. Cette section explore la manière dont l'État profond contrôlerait le flux d'informations, emploierait des techniques de propagande et utiliserait la censure et le piratage médiatique pour façonner les récits.

Contrôle de l'information : L'un des principaux moyens par lesquels l'État profond exerce son influence est censé être le contrôle des médias grand public. Les principaux médias, notamment les chaînes de télévision, les journaux et les plateformes d'information en ligne, sont souvent accusés d'être complices de la promotion du programme de l'État profond. Ce contrôle serait assuré par la propriété d'élites puissantes, l'influence éditoriale et la diffusion sélective de l'information.

La consolidation de la propriété des médias a conduit à une situation où un petit nombre de conglomérats contrôle une part importante du paysage médiatique. Cette concentration du pouvoir permet de coordonner les messages et de supprimer les points de vue divergents. Les critiques soutiennent que ce contrôle sur le flux d'informations garantit que seuls certains récits parviennent au public, tandis que les perspectives alternatives sont marginalisées ou ignorées.

Techniques de propagande : La propagande est un outil puissant utilisé pour façonner l'opinion publique et maintenir le contrôle sur le récit. On pense que l'État profond utilise diverses techniques de propagande pour influencer la façon dont les gens pensent et se comportent. Ces techniques incluent l'utilisation d'un langage chargé d'émotion, la répétition de messages clés et la formulation des problèmes d'une manière qui soutient le récit souhaité.

L'une des techniques de propagande les plus courantes consiste à créer des récits de type « nous contre eux », qui polarisent l'opinion publique et créent un sentiment d'urgence ou de menace. En présentant certains groupes ou individus comme des ennemis, l'État profond peut rallier le soutien de l'opinion publique à ses actions et à ses politiques. Cette technique est souvent utilisée en temps de crise, comme lors de guerres ou d'urgences nationales, pour justifier un contrôle et une surveillance accrus de la part du gouvernement.

Censure et manipulation : La censure et la manipulation médiatique sont des méthodes supplémentaires utilisées pour manipuler la perception du public. La censure consiste à supprimer les informations qui contredisent le programme de l'État profond, tandis que la manipulation médiatique consiste à présenter les informations d'une manière qui favorise un point de vue particulier. Ces deux techniques sont utilisées pour contrôler le récit et garantir que le public reçoive un message cohérent et favorable.

La censure peut prendre de nombreuses formes, notamment la suppression de contenus sur des sites d'information, la réduction au silence des voix dissidentes et la restriction de l'accès à certaines informations. Par exemple, les lanceurs d'alerte qui dénoncent les agissements répréhensibles du gouvernement peuvent faire l'objet de poursuites judiciaires, et leurs révélations peuvent être minimisées ou ignorées par les médias grand public. Cette suppression d'informations empêche le public de comprendre pleinement les enjeux.

Le spin médiatique, en revanche, implique une présentation sélective des faits et l'utilisation d'un langage persuasif pour façonner la perception du public. Il peut s'agir de mettre l'accent sur certains aspects d'une histoire tout en en minimisant d'autres, d'utiliser un langage chargé pour susciter des réactions émotionnelles et de présenter les événements d'une manière qui soutient le récit souhaité. En contrôlant la manière dont les informations sont présentées, l'État profond peut influencer la façon dont les gens interprètent et réagissent aux événements.

Études de cas : Des exemples historiques et contemporains illustrent la manière dont la manipulation des médias est censée fonctionner. Pendant la guerre froide, les États-Unis et l'Union soviétique ont tous deux eu recours à la propagande pour influencer l'opinion publique et maintenir le contrôle sur leurs populations respectives. Aux États-Unis, le gouvernement a travaillé en étroite collaboration avec les médias pour promouvoir le sentiment anticommuniste et justifier les interventions militaires.

Plus récemment, l'essor des réseaux sociaux a introduit de nouveaux défis et opportunités en matière de manipulation des médias. La diffusion de fausses informations sur des plateformes comme Facebook et Twitter a permis au Deep State d'influencer plus facilement la perception du public. Les algorithmes qui privilégient les contenus sensationnalistes peuvent amplifier certains récits, tandis que les efforts de vérification des faits et de lutte contre les fausses informations ont souvent du mal à suivre le rythme.

Conclusion : La manipulation des médias est un mécanisme clé par lequel l'État profond est censé contrôler la perception du public et maintenir son influence. En contrôlant le flux d'informations, en employant des techniques de propagande et en recourant à la censure et à la manipulation des médias, l'État profond peut façonner les récits et s'assurer que son programme est promu. Il est essentiel de comprendre ces méthodes pour explorer le concept plus large de l'État profond et ses implications pour la démocratie et la gouvernance.

Influence économique

L'influence économique est un mécanisme essentiel par lequel l'État profond est censé exercer un contrôle sur les politiques nationales et mondiales. Cette section explore la manière dont l'État profond manipulerait les marchés financiers, exploiterait le pouvoir des entreprises et provoquerait des crises économiques pour consolider son pouvoir et maintenir son contrôle.

Marchés financiers : L'un des principaux moyens par lesquels le Deep State manipulerait les résultats économiques serait le contrôle des marchés financiers. Ce contrôle serait exercé par un petit groupe d'institutions financières et de banques centrales puissantes qui peuvent influencer les tendances du marché, les taux d'intérêt et la valeur des devises. En manipulant ces leviers économiques, le Deep State peut créer des conditions favorables à ses intérêts tout en déstabilisant ceux qui s'opposent à son programme.

La crise financière de 2008 est souvent citée comme exemple de manipulation. Les critiques affirment que la crise a été exacerbée par les actions des grandes institutions financières et de la Réserve fédérale, qui n'ont pas réussi à réglementer de manière adéquate les pratiques financières à risque. Le sauvetage ultérieur de ces institutions, financé par l'argent des contribuables, est considéré comme une preuve de la capacité du Deep State à protéger ses propres intérêts aux dépens du grand public .

Contrôle des entreprises : Les grandes entreprises, en particulier celles des secteurs de la défense, de la technologie et de la finance, sont considérées comme jouant un rôle important dans l'influence économique de l'État profond. Ces entreprises disposent de ressources et de relations importantes, ce qui leur permet de façonner les politiques et les décisions économiques. La porte tournante entre les dirigeants d'entreprise et les représentants du gouvernement renforce encore cette influence, les individus passant d'un poste dans le secteur privé à des rôles clés au sein du gouvernement.

Par exemple, l'influence des entreprises de défense sur les dépenses militaires et la politique étrangère est bien documentée. Des entreprises comme Lockheed Martin, Boeing et Raytheon ont des intérêts importants dans le maintien et l'augmentation des budgets militaires, ce qui peut les conduire à faire du lobbying et à prendre des décisions politiques qui privilégient leurs intérêts. De même, des entreprises technologiques comme Google, Facebook et Amazon ont mis à profit leurs capacités de collecte de données pour collaborer avec des agences gouvernementales, influençant ainsi les politiques liées à la surveillance et à la confidentialité.

Crises économiques : La théorie selon laquelle les crises économiques sont conçues pour consolider le pouvoir et le contrôle est un principe central du discours de l'État profond. Ses partisans soutiennent que les crises financières et l'instabilité économique ne sont pas simplement le résultat des forces du marché, mais sont délibérément orchestrées pour atteindre des objectifs spécifiques. Ces objectifs peuvent inclure la consolidation des richesses, l'affaiblissement des opposants politiques et la justification d'une intervention gouvernementale accrue.

La Grande Dépression des années 1930 et la crise financière de 2008 sont souvent citées comme exemples de crises artificielles. Dans les deux cas, les turbulences économiques ont conduit à des changements importants dans la politique gouvernementale et à une centralisation accrue du pouvoir. La mise en œuvre du New Deal pendant la Grande Dépression et l'adoption de la loi Dodd-Frank après la crise de 2008 sont considérées comme des réponses qui ont étendu le contrôle du gouvernement sur l'économie.

Lobbying et influence des entreprises : Le lobbying des entreprises est un outil puissant utilisé par les entreprises pour influencer la législation et les décisions politiques. Les lobbyistes représentant divers secteurs s'efforcent de façonner les lois et les réglementations de manière à ce qu'elles profitent à leurs clients. Cet effort de lobbying implique souvent des contributions financières importantes aux campagnes politiques, ce qui crée une dépendance aux dons des entreprises parmi les élus.

L'influence du lobbying des entreprises s'étend aux principaux comités du Congrès et aux organismes de réglementation, où sont prises des décisions qui ont un impact sur des secteurs entiers. La capacité des entreprises à façonner les politiques par le biais de leurs efforts de lobbying renforce la perception d'un État profond, où de puissantes entités opèrent en coulisses pour faire avancer leurs intérêts. Cette influence est particulièrement évidente dans des secteurs comme la finance, la santé et l'énergie, où les décisions réglementaires peuvent avoir des implications économiques de grande portée.

Conclusion : L'influence économique est un mécanisme clé par lequel l'État profond est censé exercer un contrôle sur les politiques nationales et mondiales. En manipulant les marchés financiers, en tirant parti du pouvoir des entreprises et en organisant des crises économiques, l'État profond peut créer des conditions favorables à ses intérêts tout en gardant le contrôle de l'économie. La compréhension de ces méthodes est essentielle pour explorer le concept plus large de l'État profond et ses implications pour la démocratie et la gouvernance.

Manipulation politique

La manipulation politique est une pierre angulaire du récit de l'État profond, suggérant qu'un réseau caché de fonctionnaires non élus et d'entités puissantes exerce une influence significative sur les processus et les résultats politiques. Cette section explore les allégations d'ingérence électorale, d'influence politique et le rôle des scandales politiques dans le maintien du contrôle.

Ingérence électorale : L'un des aspects les plus controversés de la théorie du Deep State est l'allégation selon laquelle ce réseau caché manipulerait les résultats des élections pour garantir l'élection de candidats qui correspondent à ses intérêts. Cette ingérence peut prendre diverses formes, notamment la manipulation des systèmes de vote, la diffusion de fausses informations et le soutien secret à certains candidats.

L'élection présidentielle américaine de 2016 est souvent citée comme un exemple typique d'ingérence présumée de l'État profond. Les allégations d'ingérence étrangère, notamment de la Russie, et les enquêtes qui ont suivi sur ces allégations ont alimenté les soupçons d'une conspiration plus vaste impliquant les agences de renseignement et d'autres entités puissantes. Les partisans de la théorie de l'État profond soutiennent que ces actions faisaient partie d'un effort coordonné pour influencer le résultat de l'élection et saper le processus démocratique.

Influence politique : Au-delà des élections, l'État profond est censé exercer une influence considérable sur les politiques intérieures et étrangères. Cette influence est souvent attribuée aux bureaucrates de carrière, aux responsables du renseignement et aux chefs militaires qui restent au pouvoir indépendamment des changements de dirigeants élus. Ces individus sont considérés comme des gardiens qui peuvent façonner les décisions politiques en fonction de leurs intérêts et maintenir le statu quo.

Par exemple, la continuité de certaines politiques étrangères au sein de différentes administrations est souvent citée comme preuve de l'influence de l'État profond. Malgré les changements de direction, les politiques liées aux interventions militaires, aux opérations de renseignement et aux alliances internationales restent souvent cohérentes. Les critiques soutiennent que cette continuité reflète la capacité de l'État profond à orienter les décisions politiques en coulisses, en veillant à ce que ses objectifs stratégiques soient atteints.

Scandales politiques : Les scandales politiques jouent un rôle crucial dans le récit du Deep State, servant d'outils pour discréditer les opposants et maintenir le contrôle. Les scandales peuvent être utilisés pour saper la crédibilité des personnalités politiques, détourner l'attention du public d'autres questions et justifier une intervention accrue du gouvernement. La révélation de scandales implique souvent des fuites au sein du gouvernement, ce qui suggère que des initiés utilisent ces révélations pour manipuler les résultats politiques.

Le scandale du Watergate des années 1970 est un exemple classique de la façon dont les scandales politiques peuvent façonner la perception du public et influencer la dynamique politique. Ce scandale, qui a conduit à la démission du président Richard Nixon, a révélé un large éventail d'activités illégales menées par des membres de l'administration Nixon. Les enquêtes et la couverture médiatique qui ont suivi ont mis en lumière les rouages internes de l'administration, ce qui a conduit de nombreuses personnes à croire que des forces cachées étaient à l'œuvre.

Plus récemment, la procédure de destitution contre le président Donald Trump et les enquêtes sur les actions de son administration ont été présentées par certains comme faisant partie d'une vaste opération de l'État profond visant à saper sa présidence. Ces événements ont encore davantage polarisé l'opinion publique et renforcé la conviction qu'un réseau caché manipule les résultats politiques à ses propres fins.

Opérations secrètes et campagnes d'influence : Les opérations secrètes et les campagnes d'influence sont des méthodes supplémentaires par lesquelles l'État profond est censé manipuler les processus politiques. Ces opérations peuvent inclure l'espionnage, le sabotage et la guerre psychologique, toutes visant à façonner les résultats politiques et à maintenir le contrôle. Les agences de renseignement comme la CIA et la NSA sont souvent impliquées dans ces activités, utilisant leurs capacités pour influencer les événements tant au niveau national qu'international.

Par exemple, l'implication de la CIA dans des opérations secrètes pendant la guerre froide, comme le renversement de gouvernements étrangers et le soutien à des insurrections anticommunistes, est souvent citée comme preuve de la capacité de l'État profond à manipuler les résultats politiques. Ces opérations, menées à l'insu du public et sans surveillance, mettent en évidence le potentiel d'abus de pouvoir et l'influence des réseaux cachés dans la détermination des événements mondiaux.

Conclusion : La manipulation politique est un mécanisme clé par lequel l'État profond est censé exercer un contrôle sur les processus et les résultats politiques. Les allégations d'ingérence électorale, d'influence politique et d'utilisation de scandales politiques et d'opérations secrètes soulignent le pouvoir perçu de ce réseau caché. Il est essentiel de comprendre ces méthodes pour explorer le concept plus large d'État profond et ses implications pour la démocratie et la gouvernance.

Surveillance et collecte de données

La surveillance et la collecte de données sont des mécanismes essentiels par lesquels l'État profond est censé surveiller et contrôler la population. Cette section explore l'étendue des programmes de surveillance du gouvernement, la collecte et l'utilisation des données personnelles par les agences de renseignement et les entreprises, ainsi que les implications pour la vie privée et les libertés civiles des individus.

Surveillance de masse : La surveillance de masse désigne la surveillance extensive des activités et des communications des individus par les agences gouvernementales. Des programmes comme PRISM de l'Agence de sécurité nationale (NSA), révélé par le lanceur d'alerte Edward Snowden en 2013, ont mis en évidence l'ampleur de la surveillance gouvernementale. PRISM a permis à la NSA de collecter des données auprès de grandes entreprises technologiques, notamment des e-mails, des messages de chat et des appels vidéo, souvent à l'insu ou sans le consentement des personnes concernées.

La justification de cette surveillance est généralement fondée sur la sécurité nationale et la prévention du terrorisme. Cependant, les critiques affirment que ces programmes fonctionnent souvent avec un minimum de surveillance et de responsabilité, ce qui soulève des inquiétudes quant au risque d'abus de pouvoir. La capacité de surveiller les communications à une si grande échelle donne aux agences de renseignement un contrôle important sur l'information, contribuant à la perception d'un État profond qui surveille et influence la population dans l'ombre.

Collecte de données : Au-delà de la surveillance gouvernementale, la collecte et l'utilisation des données personnelles par les entreprises jouent également un rôle crucial dans le récit du Deep State. Les entreprises technologiques comme Google, Facebook et Amazon collectent de vastes quantités de données sur leurs utilisateurs, notamment les historiques de recherche, les interactions sur les réseaux sociaux et le comportement d'achat. Ces données sont souvent utilisées à des fins de publicité ciblée et d'études de marché, mais elles peuvent également être consultées par les agences gouvernementales à des fins de surveillance.

La collaboration entre les entreprises technologiques et les agences gouvernementales a suscité d'importantes inquiétudes en matière de confidentialité. Des programmes comme PRISM et les révélations plus récentes sur le partage de données entre les entreprises technologiques et les forces de l'ordre illustrent la manière dont les données personnelles peuvent être utilisées à des fins de surveillance. Le manque de transparence autour de ces pratiques fait qu'il est difficile pour les individus de comprendre dans quelle mesure leurs données sont collectées et utilisées.

Préoccupations relatives à la vie privée : Les implications de la surveillance de masse et de la collecte de données sur la vie privée et les libertés civiles sont profondes. La capacité des agences gouvernementales et des entreprises à surveiller et analyser les informations personnelles soulève des questions sur le droit à la vie privée et le risque d'utilisation abusive des données. Les critiques affirment que ces pratiques érodent la confiance dans les institutions et créent un effet paralysant sur la liberté d'expression.

L'une des principales préoccupations concerne le risque que la surveillance soit utilisée à des fins politiques. La surveillance des militants politiques, des journalistes et des voix dissidentes peut étouffer l'opposition et limiter la participation démocratique. Des exemples historiques, comme le programme COINTELPRO du FBI, qui ciblait les défenseurs des droits civiques et les militants anti-guerre, montrent comment la surveillance peut être utilisée pour réprimer la dissidence politique.

Progrès technologiques : Les progrès technologiques ont encore accru les capacités de surveillance et de collecte de données. L'essor de l'intelligence artificielle (IA) et de l'apprentissage automatique a permis une analyse plus sophistiquée de grands ensembles de données, ce qui permet une surveillance prédictive et l'identification de menaces potentielles. Si ces technologies peuvent améliorer la sécurité, elles suscitent également des inquiétudes quant aux préjugés, à la discrimination et au risque d'abus.

L'utilisation de la technologie de reconnaissance faciale, par exemple, a suscité un débat important. Si elle peut être utilisée pour identifier les criminels et renforcer la sécurité, elle présente également des risques pour la vie privée et les libertés civiles. Le risque d'erreur d'identification et l'absence de réglementation autour de son utilisation ont conduit à réclamer une surveillance et une responsabilité accrues. Le déploiement de ces technologies par les agences gouvernementales et les entreprises privées contribue à donner l'impression d'un État de surveillance qui surveille et contrôle la population.

Conclusion : La surveillance et la collecte de données sont des mécanismes clés par lesquels l'État profond est censé surveiller et contrôler la population. Les capacités étendues des programmes de surveillance gouvernementaux, la collaboration entre les entreprises technologiques et les agences de renseignement, ainsi que les implications pour la vie privée et les libertés civiles soulignent le pouvoir perçu de ce réseau caché. Comprendre ces méthodes est essentiel pour explorer le concept plus large de l'État profond et ses implications pour la démocratie et la gouvernance.

Opérations secrètes et guerre psychologique

Les opérations secrètes et la guerre psychologique sont des mécanismes essentiels par lesquels l'État profond est censé exercer un contrôle et une influence sur les événements nationaux et mondiaux. Cette section explore l'utilisation d'actions secrètes, d'opérations psychologiques (PsyOps) et fournit des études de cas illustrant ces méthodes de contrôle.

Actions secrètes : Les actions secrètes désignent des opérations secrètes menées par des agences gouvernementales, souvent à l'insu du public ou sans surveillance. Ces actions peuvent inclure l'espionnage, le sabotage, les assassinats et le soutien à des groupes insurgés. Les agences de renseignement comme la CIA et la NSA sont fréquemment impliquées dans ces activités, utilisant leurs capacités pour influencer les résultats politiques et maintenir le contrôle.

L'un des exemples les plus connus d'opérations secrètes est l'implication de la CIA dans le coup d'État de 1953 en Iran, qui renversa le Premier ministre Mohammad Mossadegh et rétablit le Shah dans ses fonctions. Cette opération, connue sous le nom d'opération Ajax, fut menée en collaboration avec l'agence de renseignement britannique MI6 et visait à protéger les intérêts pétroliers occidentaux en Iran. Le succès de cette opération secrète a démontré la capacité de la CIA à manipuler les événements politiques dans les pays étrangers, renforçant ainsi la perception d'un réseau caché exerçant un contrôle en coulisses.

Un autre exemple significatif est l'invasion de la Baie des Cochons en 1961, au cours de laquelle la CIA a tenté de renverser le gouvernement cubain dirigé par Fidel Castro. L'opération impliquait la formation et l'armement d'exilés cubains pour lancer une invasion, mais elle a finalement échoué, ce qui a entraîné un embarras majeur pour le gouvernement américain. Malgré son échec, l'invasion de la Baie des Cochons a mis en évidence jusqu'où la CIA était prête à aller pour atteindre ses objectifs, alimentant encore davantage les soupçons d'opérations secrètes et d'intentions cachées.

Opérations psychologiques (PsyOps) : Les opérations psychologiques, ou PsyOps , impliquent l'utilisation de tactiques psychologiques pour influencer la perception et le comportement du public. Ces opérations peuvent inclure la propagande, la désinformation et la manipulation psychologique visant à atteindre des objectifs stratégiques. L'objectif des PsyOps est de façonner les attitudes et les croyances des publics cibles, souvent en créant de la confusion, de la peur ou de la méfiance.

Pendant la guerre froide, les États-Unis et l'Union soviétique se livrèrent à de vastes opérations psychologiques pour influencer l'opinion publique et saper l'influence de l'autre. Le gouvernement américain utilisa diverses formes de médias, notamment des émissions de radio, des tracts et des films, pour promouvoir le sentiment anticommuniste et le soutien aux politiques américaines. Un exemple notable est Radio Free Europe, qui diffusait des informations et de la propagande dans les pays du bloc de l'Est pour contrer l'influence soviétique.

Plus récemment, l'utilisation des réseaux sociaux et des plateformes numériques a accru la portée et l'efficacité des opérations psychologiques . Les gouvernements et les acteurs politiques du monde entier utilisent ces plateformes pour diffuser de la désinformation, manipuler l'opinion publique et influencer les résultats des élections. L'essor de la technologie deepfake, qui permet de créer des vidéos réalistes mais fausses, a encore compliqué le paysage de la guerre psychologique, rendant plus difficile de distinguer la vérité de la fiction.

Études de cas : Plusieurs études de cas illustrent le recours aux opérations secrètes et aux opérations psychologiques par l'État profond. L'un de ces cas est l'opération Gladio, une initiative clandestine de l'OTAN durant la guerre froide visant à contrer l'influence communiste en Europe. L'opération impliquait la création d'armées secrètes « stay-behind » dans divers pays européens, prêtes à s'engager dans une guérilla en cas d'invasion soviétique. Ces armées secrètes étaient également impliquées dans des opérations sous fausse bannière et des actes de terrorisme destinés à discréditer les mouvements de gauche et à créer un climat de peur.

Un autre cas d'école est celui des campagnes de désinformation menées lors de l'élection présidentielle américaine de 2016. Des agents russes, prétendument soutenus par le gouvernement russe, ont utilisé les réseaux sociaux pour diffuser de fausses informations et semer la discorde au sein de l'électorat américain. Ces efforts comprenaient la création de faux comptes, la diffusion de contenus conflictuels et le piratage d'organisations politiques. L'impact de ces campagnes de désinformation sur le résultat des élections reste un sujet de débat, mais elles mettent en évidence le potentiel des opérations psychologiques à influencer les processus démocratiques.

Conclusion : Les opérations secrètes et la guerre psychologique sont des mécanismes clés par lesquels l'État profond est censé exercer un contrôle et une influence. Le recours à des actions secrètes, à des tactiques psychologiques et à des campagnes de désinformation souligne le pouvoir perçu de ce réseau caché. Il est essentiel de comprendre ces méthodes pour explorer le concept plus large de l'État profond et ses implications pour la démocratie et la gouvernance.

Chapitre 4 : Études de cas

L'assassinat de JFK

L'assassinat du président John F. Kennedy le 22 novembre 1963 reste l'un des événements les plus marquants et les plus controversés de l'histoire américaine. Les circonstances entourant sa mort ont donné lieu à de nombreuses théories du complot, dont beaucoup suggèrent l'implication d'un réseau caché d'entités puissantes, souvent appelé « État profond ».

Contexte : Ce jour-là, le président Kennedy circulait en cortège sur la place Dealey à Dallas, au Texas, lorsqu'il fut mortellement abattu. La version officielle, telle que déterminée par la commission Warren, conclut que Lee Harvey Oswald a agi seul pour assassiner le président. Cependant, cette conclusion a été accueillie avec scepticisme et a alimenté une myriade de théories alternatives.

Commission Warren : La commission Warren, créée par le président Lyndon B. Johnson, fut chargée d'enquêter sur l'assassinat. Après des mois d'auditions et de témoignages, la commission publia son rapport en 1964, concluant qu'Oswald était le tireur solitaire et qu'il n'existait aucune preuve de complot. Malgré la minutie de l'enquête, de nombreux Américains trouvèrent les conclusions peu convaincantes, ce qui donna lieu à de nombreuses spéculations sur la véritable nature des événements.

Théories du complot : Diverses théories du complot ont émergé au fil des ans, chacune proposant des acteurs et des motivations différents derrière l'assassinat. Certaines des théories les plus importantes incluent :

- **Implication de la CIA** : Selon une théorie, la CIA aurait orchestré l'assassinat en raison du manque de soutien de Kennedy aux opérations secrètes et de son intention de réduire le pouvoir de l'agence. Les partisans de cette théorie soulignent les liens présumés d'Oswald avec la CIA et les antécédents d'actions secrètes de l'agence.

- **Lien avec la mafia** : Une autre théorie suggère que la mafia aurait été impliquée dans l'assassinat en représailles à la répression menée par l'administration Kennedy contre le crime organisé. Cette théorie est corroborée par les affirmations selon lesquelles Jack Ruby, qui a tué Oswald deux jours après l'assassinat, avait des liens avec la mafia.

- **Complexe militaro-industriel** : Certains pensent que des éléments du complexe militaro-industriel seraient à l'origine de l'assassinat, motivés par les plans de Kennedy visant à désamorcer la guerre du Vietnam. Cette théorie rejoint l'avertissement du président Dwight D. Eisenhower concernant l'influence croissante du complexe militaro-industriel.

- **Plusieurs tireurs** : La théorie de l'implication de plusieurs tireurs, souvent appelée théorie du « monticule herbeux », suggère qu'Oswald n'a pas agi seul. Des témoins ont déclaré avoir entendu des coups de feu provenant de différentes directions, et certaines analyses médico-légales ont mis en doute la trajectoire des balles.

Impact sur la confiance du public : L'assassinat de JFK et les théories du complot qui ont suivi ont eu un impact profond sur la confiance du public envers le gouvernement. Les divergences et les questions sans réponse entourant l'événement ont conduit de nombreuses personnes à croire que la véritable histoire avait été étouffée. Cette érosion de la confiance a contribué à alimenter le récit plus large de l'État profond, où un réseau caché est perçu comme manipulant les événements et contrôlant l'information.

L'assassinat de JFK est un cas d'étude essentiel pour comprendre la théorie de l'État profond. Il montre comment des événements importants peuvent être entourés de mystère et de controverses, ce qui conduit à des spéculations et à une méfiance généralisées. La fascination persistante pour l'assassinat de Kennedy souligne le désir de transparence et de responsabilité du public, ainsi que la conviction que des forces puissantes peuvent opérer en coulisses.

En résumé, l'assassinat du président John F. Kennedy reste un événement clé dans le récit de l'État profond. Les diverses théories du complot, les conclusions de la commission Warren et l'impact sur la confiance du public illustrent la complexité et les questions persistantes entourant cet événement tragique. Comprendre l'assassinat de JFK est essentiel pour explorer le concept plus large de l'État profond et ses implications pour la démocratie et la gouvernance.

Scandale du Watergate

Le scandale du Watergate est l'un des plus importants scandales politiques de l'histoire américaine, ayant conduit à la démission du président Richard Nixon et ayant profondément ébranlé la confiance du public dans le gouvernement. Cette étude de cas explore les événements du scandale, le rôle des médias, les allégations d'implication de l'État profond et son héritage durable .

Aperçu : Le scandale du Watergate a commencé aux premières heures du 17 juin 1972, lorsque cinq hommes ont été arrêtés pour avoir cambriolé le siège du Comité national démocrate (DNC) dans le complexe de bureaux du Watergate à Washington, DC. Les cambrioleurs ont été surpris en train d'essayer de mettre des téléphones sur écoute et de voler des documents. Au départ, l'effraction semblait être un incident mineur, mais elle s'est rapidement transformée en un scandale politique majeur.

L'enquête a révélé que l'effraction faisait partie d'une vaste campagne d'espionnage politique et de sabotage menée par des membres de l'administration Nixon. Le scandale a révélé une série d'activités illégales, notamment l'utilisation de fonds de campagne pour des opérations secrètes, des tentatives de dissimulation de l'effraction et l'abus de pouvoir présidentiel pour entraver la justice.

Démission de Nixon : Au fur et à mesure que l'enquête progressait, il devint évident que des hauts fonctionnaires de l'administration Nixon étaient impliqués dans la dissimulation de l'affaire. Les médias jouèrent un rôle crucial dans la découverte de la vérité, les journalistes Bob Woodward et Carl Bernstein du Washington Post menant la charge. Leurs reportages, basés sur des informations provenant d'une source confidentielle connue sous le nom de « Deep Throat », contribuèrent à révéler l'étendue de l'implication de l'administration.

Le scandale atteignit son paroxysme lorsqu'il fut révélé que le président Nixon avait enregistré secrètement des conversations dans le Bureau ovale. Ces enregistrements apportèrent des preuves concrètes de son implication dans la dissimulation. Menacé d'impeachment, Nixon démissionna le 8 août 1974, devenant ainsi le premier président américain à le faire. Sa démission marqua un tournant dans la politique américaine, soulignant l'importance de la responsabilité et de la transparence au sein du gouvernement.

Allégations du Deep State : Le scandale du Watergate a été cité par certains comme preuve des activités du Deep State. Les partisans de cette théorie soutiennent que le scandale a été orchestré ou exploité par des éléments au sein du gouvernement pour destituer Nixon. Ils soulignent le rôle du FBI et d'autres agences de renseignement dans l'enquête, suggérant que ces entités avaient leurs propres motivations pour faire tomber le président.

L'un des personnages clés de ce récit est Mark Felt, le directeur adjoint du FBI qui s'est révélé plus tard être « Deep Throat ». La décision de Felt de divulguer des informations à la presse a été interprétée par certains comme un acte de résistance interne aux tentatives de Nixon de contrôler le FBI. Cette perspective suggère que le Deep State a utilisé le scandale comme une opportunité pour réaffirmer son influence et maintenir son autonomie.

Héritage : Le scandale du Watergate a eu un impact durable sur la politique américaine et sur la perception publique de la transparence du gouvernement. Il a conduit à des réformes importantes visant à accroître la responsabilité et à réduire le risque d'abus de pouvoir. Ces réformes comprenaient la création du Bureau de l'éthique gouvernementale, l'adoption de la loi sur l'éthique au sein du gouvernement et le renforcement de la loi sur la liberté d'information.

Le scandale a également eu un impact profond sur le rôle des médias en politique. Il a souligné l'importance du journalisme d'investigation pour demander des comptes aux responsables gouvernementaux et protéger les institutions démocratiques. L'héritage du Watergate continue d'influencer la manière dont les médias abordent les scandales politiques et les attentes du public en matière de transparence gouvernementale.

En résumé, le scandale du Watergate est un cas d'étude essentiel dans le récit de l'État profond. Les événements du scandale, le rôle des médias et les réformes qui ont suivi mettent en évidence la complexité du pouvoir gouvernemental et l'importance de la responsabilité. Comprendre le Watergate est essentiel pour explorer le concept plus large de l'État profond et ses implications pour la démocratie et la gouvernance.

Affaire Iran-Contra

L'affaire Iran-Contra est l'un des scandales politiques les plus controversés de l'histoire américaine, révélant un réseau complexe d'opérations secrètes, d'activités illégales et de tentatives de contournement de la surveillance du Congrès. Cette étude de cas explore le contexte de l'affaire, l'implication de l'administration Reagan, les efforts pour étouffer le scandale et ses implications pour la responsabilité du gouvernement et le récit de l'État profond.

Contexte : L'affaire Iran-Contra débute au milieu des années 1980, sous l'administration Reagan. Elle implique deux opérations secrètes distinctes mais interconnectées : la vente d'armes à l'Iran, qui est soumis à un embargo sur les armes, et le détournement des recettes de ces ventes pour financer les rebelles Contras au Nicaragua. Les Contras se battent pour renverser le gouvernement sandiniste, perçu comme une menace communiste dans le contexte de la guerre froide.

L'opération avait plusieurs objectifs : obtenir la libération des otages américains détenus par le Hezbollah au Liban (qui avait des liens avec l'Iran) et soutenir les Contras malgré l'interdiction par le Congrès de l'aide militaire américaine au groupe. L'affaire éclata en novembre 1986, lorsqu'un journal libanais fit état de ventes d'armes, ce qui déclencha une série d'enquêtes et de révélations publiques.

Administration Reagan : Les hauts fonctionnaires de l'administration Reagan étaient profondément impliqués dans les opérations Iran-Contra. Parmi les personnalités clés figuraient le conseiller à la sécurité nationale John Poindexter, son adjoint Oliver North et le directeur de la CIA William Casey. Le président Ronald Reagan lui-même était impliqué, bien que l'étendue de ses connaissances et de son implication reste sujette à débat.

Les mesures prises par l'administration américaine étaient motivées par un engagement idéologique en faveur de la lutte contre le communisme et par une volonté de contourner les contraintes juridiques et constitutionnelles. L'amendement Boland, adopté par le Congrès au début des années 1980, interdisait explicitement toute nouvelle assistance militaire américaine aux Contras. La décision de l'administration de contourner cette interdiction en utilisant les fonds provenant des ventes d'armes à l'Iran constituait une violation flagrante de la loi.

Dissimulation et révélation : Les efforts pour dissimuler l'affaire Iran-Contra ont commencé presque immédiatement après la révélation des opérations. Les documents ont été déchiquetés et les responsables impliqués dans le scandale ont fourni des témoignages trompeurs ou faux aux enquêteurs. Malgré ces efforts, l'affaire a finalement été révélée grâce à une combinaison de journalisme d'investigation, d'auditions au Congrès et au travail d'un avocat indépendant.

La Commission Tower, nommée par le président Reagan, a mené une première enquête et critiqué l'administration pour son manque de contrôle et de responsabilité. Cette enquête a été suivie par les audiences sur l'affaire Iran-Contra, une série d'auditions télévisées du Congrès qui ont captivé la nation. Ces audiences ont révélé l'étendue de l'implication de l'administration et les efforts déployés pour étouffer le scandale.

Le procureur indépendant Lawrence Walsh a été nommé pour enquêter plus en détail sur l'affaire. Son enquête a conduit à l'inculpation de plusieurs hauts fonctionnaires, dont Poindexter et North. Si certaines condamnations ont été prononcées, beaucoup ont été annulées en appel et le président George H.W. Bush a gracié plusieurs personnes impliquées dans le scandale au cours de ses derniers jours au pouvoir.

Conséquences : L'affaire Iran-Contra a eu des répercussions importantes sur la perception de la responsabilité du gouvernement et sur le discours de l'État profond. Le scandale a révélé la volonté des hauts fonctionnaires de se livrer à des activités illégales et de tromper le Congrès et le public. Il a mis en évidence le risque d'abus de pouvoir au sein du pouvoir exécutif et les défis à relever pour assurer une surveillance efficace.

Cette affaire a également renforcé la conviction qu'un réseau caché d'entités puissantes opère dans les coulisses, manipulant les événements et contournant les processus démocratiques. L'implication de la CIA et le recours à des opérations secrètes pour atteindre des objectifs politiques s'inscrivent parfaitement dans le récit du Deep State, suggérant que des fonctionnaires non élus et des agences de renseignement exercent une influence significative sur la politique nationale.

En résumé, l'affaire Iran-Contra est un cas d'étude essentiel dans le récit de l'État profond. Le contexte du scandale, l'implication de l'administration Reagan, les efforts pour le dissimuler et les implications pour la responsabilité du gouvernement illustrent la complexité du pouvoir et le potentiel d'abus au sein du gouvernement. Comprendre l'affaire Iran-Contra est essentiel pour explorer le concept plus large de l'État profond et son impact sur la démocratie et la gouvernance.

Le 11 septembre et la guerre contre le terrorisme

Les attentats terroristes du 11 septembre 2001 ont marqué un tournant dans l'histoire moderne, entraînant de profonds changements dans la politique intérieure et étrangère des États-Unis. Cette étude de cas explore les événements du 11 septembre, la réponse du gouvernement, l'émergence des théories du complot et l'impact sur les libertés civiles et le discours de l'État profond.

Événements du 11 septembre : Le matin du 11 septembre 2001, 19 terroristes associés au groupe extrémiste Al-Qaïda ont détourné quatre avions commerciaux. Deux d'entre eux ont percuté les tours jumelles du World Trade Center à New York, provoquant l'effondrement des tours. Un troisième avion a percuté le Pentagone à Arlington, en Virginie, tandis que le quatrième avion, le vol 93 d'United Airlines, s'est écrasé dans un champ en Pennsylvanie après que des passagers ont tenté de maîtriser les pirates de l'air. Ces attaques ont fait près de 3 000 morts et d'importantes destructions, laissant des traces durables aux États-Unis et dans le monde.

Réponse du gouvernement : À la suite des attentats, le gouvernement américain a lancé une vaste réponse visant à prévenir de futurs incidents terroristes. Le président George W. Bush a déclaré une « guerre contre le terrorisme », qui comprenait des interventions militaires en Afghanistan et en Irak, la création du Département de la sécurité intérieure et la mise en œuvre du USA PATRIOT Act. Ces mesures visaient à renforcer la sécurité nationale, mais elles ont également suscité des inquiétudes quant aux libertés civiles et aux excès de pouvoir du gouvernement.

L'invasion de l'Afghanistan en octobre 2001 visait à démanteler Al-Qaïda et à chasser les talibans du pouvoir. Elle a été suivie par l'invasion de l'Irak en 2003, justifiée par des allégations selon lesquelles le dictateur irakien Saddam Hussein possédait des armes de destruction massive et entretenait des liens avec des groupes terroristes. Ces deux conflits ont eu des conséquences profondes, notamment des combats militaires prolongés, des pertes humaines importantes et une instabilité régionale.

Théories du complot : Le caractère sans précédent des attentats du 11 septembre et les mesures gouvernementales qui ont suivi ont donné lieu à de nombreuses théories du complot. Certaines de ces théories suggèrent que des éléments au sein du gouvernement américain avaient connaissance des attentats ou étaient directement impliqués dans leur orchestration. Les partisans de ces théories soutiennent que les attentats ont été utilisés comme prétexte pour justifier l'augmentation des dépenses militaires, l'intensification de la surveillance et l'érosion des libertés civiles.

L'une des théories du complot les plus répandues est celle du « complot interne », selon laquelle le gouvernement américain aurait laissé les attaques se produire ou y aurait activement participé pour faire avancer un projet caché. Cette théorie est étayée par diverses allégations, notamment la démolition contrôlée présumée des bâtiments du World Trade Center et l'effondrement suspect du World Trade Center 7, qui n'a pas été directement touché par les avions. Malgré des enquêtes approfondies et des rapports officiels démentant ces allégations, ces théories persistent et contribuent au récit du Deep State.

Impact sur les libertés civiles : La réponse du gouvernement aux attentats du 11 septembre a eu des répercussions importantes sur les libertés civiles et la vie privée. Le USA Patriot Act, adopté en octobre 2001, a étendu les capacités de surveillance du gouvernement, permettant la surveillance des appels téléphoniques, des courriers électroniques et des transactions financières sans mandat. Si ces mesures visaient à renforcer la sécurité nationale, elles ont également suscité des inquiétudes quant aux risques d'abus et de violation des droits individuels.

La création du Département de la sécurité intérieure et la mise en œuvre de diverses mesures de sécurité, telles que les contrôles dans les aéroports et l'utilisation de listes d'interdiction de vol, ont encore accentué la tension entre sécurité et libertés civiles. Les pratiques de détention et d'interrogatoire à Guantánamo et dans d'autres centres, y compris le recours à la torture, ont suscité de nombreuses critiques et des contestations judiciaires. Ces actions ont contribué à donner l'impression d'un État profond qui opère avec une autonomie et un pouvoir considérables, souvent au détriment de la transparence et de la responsabilité.

Conclusion : Les événements du 11 septembre et la guerre contre le terrorisme qui a suivi sont essentiels pour comprendre le récit de l'État profond. La réponse du gouvernement, l'émergence de théories du complot et l'impact sur les libertés civiles illustrent la complexité de l'équilibre entre sécurité et droits individuels. La perception d'un réseau caché manipulant les événements et érodant les principes démocratiques souligne l'importance de la transparence et de la responsabilité dans la gouvernance.

Edward Snowden et la surveillance de masse

Les révélations d'Edward Snowden en 2013 sur l'ampleur de la surveillance de masse menée par l'Agence de sécurité nationale (NSA) et d'autres agences de renseignement ont marqué un tournant dans l'histoire de la transparence gouvernementale et des libertés civiles. Cette étude de cas examine les révélations d'Edward Snowden, les détails des programmes de surveillance, la réponse du gouvernement et les effets à long terme sur la vie privée et le discours de l'État profond.

Contexte : Edward Snowden, ancien sous-traitant de la NSA, a divulgué une multitude de documents classifiés aux journalistes Glenn Greenwald, Laura Poitras et Ewen MacAskill. Ces documents ont révélé l'existence de programmes de surveillance à grande échelle qui collectaient des données sur des millions de personnes dans le monde, souvent à leur insu ou sans leur consentement. La décision de Snowden de révéler ces programmes était motivée par sa conviction que le public avait le droit d'être informé des actions du gouvernement et des éventuels abus de pouvoir.

PRISM et autres programmes : L'un des programmes les plus importants dévoilés par Snowden était PRISM, qui permettait à la NSA de collecter des données directement à partir des serveurs de grandes entreprises technologiques, dont Google, Facebook, Microsoft et Apple. Ces données comprenaient des e-mails, des messages de chat, des vidéos et d'autres formes de communication. Le programme était régi par la loi sur la surveillance du renseignement étranger (Foreign Intelligence Surveillance Act, FISA), qui autorisait la collecte d'informations de renseignement étranger, mais il récupérait également de vastes quantités de données auprès de citoyens américains.

Outre PRISM, les documents de Snowden ont révélé d'autres programmes de surveillance, comme XKeyscore, qui permettait aux analystes de fouiller de vastes bases de données de courriers électroniques, de conversations en ligne et d'historiques de navigation sans autorisation préalable. Les documents détaillaient également les efforts de la NSA pour saper les normes de chiffrement et collaborer avec des agences de renseignement étrangères pour étendre ses capacités de surveillance.

Réaction du gouvernement et du public : La réponse du gouvernement aux révélations de Snowden a été rapide et sévère. Le ministère américain de la Justice a accusé Snowden de vol de biens gouvernementaux et de violation de la loi sur l'espionnage. Menacé d'emprisonnement, Snowden s'est enfui à Hong Kong et a ensuite obtenu l'asile en Russie, où il se trouve encore aujourd'hui.

Les révélations de Snowden ont suscité des réactions mitigées. Certains le considéraient comme un traître qui mettait en danger la sécurité nationale, d'autres comme un lanceur d'alerte qui dénonçait de graves abus de pouvoir. Ces révélations ont déclenché un débat mondial sur la vie privée, la surveillance et l'équilibre entre sécurité et libertés civiles. De nombreuses personnes ont été choquées par l'ampleur des activités de surveillance du gouvernement et par le manque de transparence et de contrôle.

Effets à long terme : Les révélations de Snowden ont eu des effets à long terme importants sur la vie privée, la transparence gouvernementale et le discours sur l'État profond. En réponse au tollé public, le gouvernement américain a mis en œuvre plusieurs réformes visant à accroître la surveillance et la responsabilité. La loi USA FREEDOM, adoptée en 2015, a mis fin à la collecte massive de métadonnées téléphoniques et introduit de nouvelles mesures de transparence pour les activités de surveillance.

Malgré ces réformes, les inquiétudes concernant la surveillance de masse et les excès de pouvoir du gouvernement persistent. Ces révélations ont mis en évidence le risque d'abus de pouvoir des agences de renseignement et renforcé la perception d'un État profond qui opère avec une autonomie et une influence considérables. La collaboration entre les entreprises technologiques et les agences gouvernementales a également soulevé des questions sur le rôle des entreprises privées dans la surveillance et la protection de la vie privée des individus.

Les révélations de Snowden ont eu un impact durable sur la compréhension qu'a le public de la surveillance et de l'importance de protéger les libertés civiles. Elles ont inspiré une nouvelle génération d'activistes et de technologues à plaider en faveur de protections renforcées de la vie privée et d'une plus grande transparence dans les opérations gouvernementales. Le débat sur l'équilibre entre sécurité et vie privée continue de façonner les discussions politiques et l'opinion publique.

Conclusion : L'affaire Edward Snowden et la surveillance de masse constituent un moment clé dans le récit de l'État profond. Les révélations de Snowden sur l'étendue des programmes de surveillance du gouvernement, les détails de PRISM et d'autres initiatives, la réponse du gouvernement et les effets à long terme sur la vie privée et la transparence illustrent la complexité du pouvoir et le potentiel d'abus au sein de la communauté du renseignement. Il est essentiel de comprendre les révélations de Snowden pour explorer le concept plus large de l'État profond et ses implications pour la démocratie et la gouvernance.

5 |

Chapitre 5 : La portée mondiale

Influence internationale

Le concept d'État profond s'étend au-delà des frontières nationales, suggérant un réseau caché d'entités puissantes qui influencent les politiques et les décisions mondiales. Cette section explore le rôle des organisations internationales, des réseaux transnationaux et leur influence présumée sur l'élaboration des politiques mondiales.

Organisations mondiales : Les organisations internationales telles que l'Organisation des Nations Unies (ONU), le Fonds monétaire international (FMI) et la Banque mondiale sont souvent impliquées dans le récit de l'État profond. Ces organisations sont considérées comme des instruments par lesquels des élites puissantes exercent un contrôle sur les affaires mondiales. L'ONU, créée en 1945, vise à promouvoir la paix, la sécurité et la coopération entre les nations. Cependant, les critiques soutiennent que ses processus décisionnels sont dominés par quelques pays puissants, en particulier les membres permanents du Conseil de sécurité (les États-Unis, le Royaume-Uni, la France, la Russie et la Chine).

Le FMI et la Banque mondiale, tous deux créés au lendemain de la Seconde Guerre mondiale, ont pour mission de promouvoir la stabilité économique et le développement à l'échelle mondiale. Ces institutions fournissent une aide financière et des conseils aux pays qui en ont besoin, mais leurs programmes sont souvent assortis de conditions strictes qui, selon leurs détracteurs, servent les intérêts des pays riches et des multinationales. Les programmes d'ajustement structurel imposés par le FMI, par exemple, ont été critiqués pour avoir donné la priorité à la libéralisation des marchés et aux mesures d'austérité qui peuvent entraîner des difficultés sociales et économiques dans les pays bénéficiaires.

Réseaux transnationaux : Au-delà des organisations internationales formelles, les réseaux et alliances transnationaux sont également considérés comme des acteurs clés du discours sur l'État profond. Des groupes tels que le Groupe Bilderberg, la Commission trilatérale et le Council on Foreign Relations sont souvent cités comme exemples de rassemblements d'élite où les politiques mondiales seraient façonnées à huis clos.

Fondé en 1954, le Groupe Bilderberg est une conférence annuelle à laquelle participent des dirigeants politiques, des chefs d'entreprise et des universitaires d'Amérique du Nord et d'Europe. Les réunions se déroulent à huis clos et le manque de transparence a alimenté les spéculations sur l'influence du groupe sur les affaires mondiales. De même, la Commission trilatérale, créée en 1973 par David Rockefeller, réunit des dirigeants d'Amérique du Nord, d'Europe et d'Asie pour discuter et coordonner les politiques sur les questions économiques et politiques.

Élaboration des politiques mondiales : L'influence de ces organisations et réseaux sur la politique mondiale est un thème central du discours sur l'État profond. Les partisans de cette théorie soutiennent que les décisions prises au sein de ces forums privilégient souvent les intérêts des élites puissantes au détriment de ceux de la population en général. Par exemple, les accords commerciaux négociés par l'intermédiaire de l'Organisation mondiale du commerce

(OMC) sont perçus comme bénéficiant aux multinationales au détriment des droits des travailleurs et de la protection de l'environnement.

La coordination des politiques économiques par le biais d'institutions comme le FMI et la Banque mondiale est également considérée avec suspicion. Les critiques soutiennent que ces institutions imposent des politiques économiques néolibérales qui favorisent la déréglementation, la privatisation et le libre-échange, souvent au détriment des programmes de protection sociale et des services publics. L'influence de ces politiques se manifeste dans l'adoption généralisée de mesures d'austérité en réponse aux crises économiques, qui ont déclenché des protestations et des troubles sociaux dans de nombreux pays.

Études de cas : Plusieurs études de cas illustrent l'influence présumée des organisations internationales et des réseaux transnationaux sur la politique mondiale. La crise de la dette européenne, qui a débuté en 2009, a vu des pays comme la Grèce, l'Espagne et le Portugal mettre en œuvre de sévères mesures d'austérité comme condition pour recevoir une aide financière du FMI et de la Banque centrale européenne. Ces mesures ont entraîné d'importantes difficultés sociales et économiques, alimentant les critiques sur le rôle des institutions dans l'élaboration des politiques nationales.

Le Partenariat transpacifique (TPP), un accord commercial négocié en secret par 12 pays riverains du Pacifique, est un autre exemple. Ses détracteurs ont fait valoir que l'accord favorisait les intérêts des entreprises et manquait de protections adéquates en matière de droits des travailleurs et d'environnement. Le secret entourant les négociations et l'influence des lobbyistes des entreprises ont renforcé la perception d'un réseau caché qui façonne les politiques commerciales mondiales.

Conclusion : Le rôle des organisations internationales et des réseaux transnationaux dans le récit de l'État profond met en évidence l'influence perçue des élites puissantes sur les politiques et les décisions mondiales. Le manque de transparence et de responsabilité de ces institutions alimente les soupçons d'un réseau caché manipulant les événements en coulisses. Comprendre l'influence de ces entités est essentiel pour explorer le concept plus large de l'État profond et ses implications pour la gouvernance mondiale.

Gouvernements étrangers et agences de renseignement

La collaboration entre les agences de renseignement américaines et leurs homologues étrangères est un aspect important du récit de l'État profond. Cette section explore les efforts de collaboration, les opérations conjointes et l'influence de ces relations sur les politiques étrangères et les événements mondiaux.

Efforts de collaboration : les agences de renseignement américaines, comme la CIA et la NSA, collaborent fréquemment avec des services de renseignement étrangers pour recueillir des informations, mener des opérations et répondre à des préoccupations mutuelles en matière de sécurité. Ces collaborations sont souvent formalisées par des alliances et des accords, comme l'alliance « Five Eyes », qui regroupe les États-Unis, le Royaume-Uni, le Canada, l'Australie et la Nouvelle-Zélande. Cette alliance facilite le partage de renseignements et la coordination des activités de surveillance entre les pays membres.

Cette collaboration s'étend au-delà de l'alliance Five Eyes et inclut d'autres partenaires clés, tels que le MI6 (le service de renseignement secret britannique), le Mossad (l'agence nationale de renseignement israélienne) et le FSB (le service fédéral de sécurité russe). Ces relations reposent sur des intérêts mutuels et sur la nécessité de faire face à des menaces communes, telles que le terrorisme, les cyberattaques et la prolifération des armes de destruction massive.

Opérations conjointes : Les opérations conjointes de renseignement sont un élément essentiel de ces efforts de collaboration. Ces opérations impliquent souvent le partage de ressources, d'expertise et de renseignements pour atteindre des objectifs stratégiques. Par exemple, la CIA et le MI6 collaborent depuis longtemps sur des opérations secrètes, notamment lors du coup d'État de 1953 en Iran (opération Ajax) et du soutien aux forces antisoviétiques en Afghanistan dans les années 1980.

Plus récemment, les opérations conjointes ont porté sur la lutte contre le terrorisme. La collaboration entre les services de renseignement américains et israéliens, par exemple, a joué un rôle déterminant dans la détection et la neutralisation des menaces terroristes au Moyen-Orient. Le recours à des technologies de surveillance avancées et au renseignement humain (HUMINT) a permis à ces agences de démanteler les réseaux terroristes et de prévenir les attaques.

Influence sur les politiques étrangères : La collaboration entre les agences de renseignement peut influencer considérablement les politiques étrangères des pays concernés. Les évaluations et recommandations des services de renseignement façonnent souvent les décisions politiques, en particulier dans les domaines liés à la sécurité nationale et à la défense. Les informations recueillies dans le cadre d'opérations conjointes et d'activités de surveillance fournissent aux décideurs politiques des informations sur les menaces et les opportunités mondiales, guidant leurs choix stratégiques.

Par exemple, les renseignements échangés entre les États-Unis et leurs alliés ont joué un rôle crucial dans la réponse aux attentats du 11 septembre et dans la guerre contre le terrorisme qui a suivi. Les efforts coordonnés pour traquer et démanteler les réseaux terroristes ont influencé les politiques étrangères de nombreux pays, conduisant à des interventions militaires, à des mesures de sécurité renforcées et à des changements dans les relations internationales.

L'influence des services de renseignement sur la politique étrangère n'est pas sans controverse. Les critiques affirment que le recours aux évaluations des services de renseignement peut conduire à des prises de décisions biaisées ou erronées, en particulier lorsque ces informations sont utilisées pour justifier des actions ou des interventions militaires. L'invasion de l'Irak en 2003, fondée sur des rapports de renseignement sur les armes de destruction massive qui se sont révélés par la suite inexacts, est un exemple notable de la manière dont le renseignement peut façonner la politique étrangère avec des conséquences de grande portée.

Études de cas : Plusieurs études de cas illustrent l'impact des efforts de renseignement collaboratifs sur les événements mondiaux. L'opération conjointe entre la CIA et le MI6 visant à renverser le Premier ministre iranien Mohammad Mossadegh en 1953 est un exemple classique de la manière dont la collaboration en matière de renseignement peut influencer la politique étrangère. L'opération, motivée par des inquiétudes concernant la nationalisation du pétrole et la propagation du communisme, a conduit au rétablissement du Shah et a eu des implications à long terme sur les relations entre les États-Unis et l'Iran.

Un autre exemple est la collaboration entre les agences de renseignement américaines et israéliennes dans le développement et le déploiement du virus Stuxnet, une cyberarme utilisée pour perturber le programme nucléaire iranien. Cette opération a démontré les capacités des opérations cybernétiques conjointes et a mis en évidence le rôle des agences de renseignement dans la définition des paysages technologiques et géopolitiques.

Conclusion : La collaboration entre les agences de renseignement américaines et leurs homologues étrangères est un élément clé du récit de l'État profond. Ces efforts de collaboration, ces opérations conjointes et l'influence qu'ils exercent sur les politiques étrangères soulignent la puissance et la portée perçues des réseaux de renseignement. Il est essentiel de comprendre ces relations pour explorer le concept plus large de l'État profond et ses implications pour la gouvernance mondiale et les relations internationales.

Contrôle économique et marchés mondiaux

Le contrôle économique et la manipulation des marchés mondiaux sont des thèmes centraux du récit de l'État profond. Cette section explore le rôle des institutions financières mondiales, l'utilisation de l'effet de levier économique et des études de cas illustrant l'impact de ces interventions sur les économies nationales et les marchés mondiaux.

Institutions financières mondiales : Des institutions comme le Fonds monétaire international (FMI) et la Banque mondiale jouent un rôle important dans l'économie mondiale. Créées au lendemain de la Seconde Guerre mondiale, ces institutions ont pour objectif de promouvoir la stabilité économique et le développement en fournissant une assistance financière et des conseils politiques aux pays dans le besoin. Cependant, les critiques soutiennent que leurs programmes sont souvent assortis de conditions strictes qui privilégient les intérêts des pays riches et des multinationales au détriment de ceux des pays bénéficiaires.

Le FMI, par exemple, accorde des prêts aux pays confrontés à des crises économiques, mais exige généralement la mise en œuvre de programmes d'ajustement structurel (PAS) comme condition pour recevoir de l'aide. Ces programmes comprennent souvent des mesures telles que la réduction des dépenses publiques, la privatisation des entreprises publiques et la libéralisation des politiques commerciales. Bien qu'ils soient destinés à stabiliser les économies et à promouvoir la croissance, les PAS ont été critiqués pour avoir entraîné des difficultés sociales et économiques, notamment une augmentation de la pauvreté et des inégalités.

Effet de levier économique : L'utilisation de l'effet de levier économique pour influencer les politiques et les décisions nationales est un aspect clé du discours sur l'État profond. Les pays puissants et les institutions financières peuvent exercer une pression considérable sur les gouvernements pour qu'ils adoptent des politiques conformes à leurs intérêts. Cet effet de levier peut prendre diverses formes, notamment des prêts conditionnels, des accords commerciaux et des sanctions économiques.

Les prêts conditionnels accordés par des institutions telles que le FMI et la Banque mondiale exigent souvent que les pays bénéficiaires mettent en œuvre des réformes économiques spécifiques. Ces conditions peuvent façonner les politiques nationales de manière à bénéficier aux investisseurs étrangers et aux multinationales. Par exemple, la privatisation des services publics et la déréglementation des marchés peuvent créer des opportunités pour les entreprises étrangères de pénétrer et de dominer les marchés locaux.

Les accords commerciaux sont un autre outil de levier économique. Des accords comme l'Accord de libre-échange nord-américain (ALENA) et le Partenariat transpacifique (TPP) sont conçus pour promouvoir le libre-échange et l'intégration économique. Cependant, les critiques affirment que ces accords favorisent souvent les intérêts des entreprises et peuvent porter atteinte aux droits des travailleurs, à la protection de l'environnement et à la souveraineté nationale. Le processus de négociation de ces accords est généralement mené en secret, ce qui alimente encore plus les soupçons d'intentions cachées.

Les sanctions économiques sont une forme plus directe de pression, utilisée pour faire pression sur les pays afin qu'ils modifient leurs politiques ou leur comportement. Les sanctions peuvent cibler des secteurs spécifiques, des transactions financières ou des individus, et peuvent avoir des conséquences économiques et politiques importantes. Le recours aux sanctions par des pays puissants, en particulier les États-Unis, est souvent considéré comme un moyen d' exercer un contrôle sur d'autres nations et de faire respecter les normes internationales.

Études de cas : Plusieurs études de cas illustrent l'impact des interventions économiques sur les économies nationales et les marchés mondiaux. La crise de la dette européenne, qui a débuté en 2009, en est un exemple notable. Des pays comme la Grèce, l'Espagne et le Portugal ont été confrontés à de graves difficultés économiques et ont été contraints de mettre en œuvre des mesures d'austérité comme condition pour recevoir une aide financière du FMI et de la Banque centrale européenne. Ces mesures comprenaient des réductions des dépenses publiques, des augmentations d'impôts et des réformes du marché du travail. Bien que destinées à stabiliser les économies, les mesures d'austérité ont entraîné d'importantes difficultés sociales et économiques, notamment un chômage élevé, une réduction des services publics et des manifestations généralisées.

Les sanctions économiques imposées à l'Iran par les États-Unis et leurs alliés en sont un autre exemple. Elles visaient l'industrie pétrolière iranienne, le secteur financier et d'autres secteurs clés de l'économie, dans le but de faire pression sur le gouvernement iranien pour qu'il abandonne son programme nucléaire. Ces sanctions ont eu un impact profond sur l'économie iranienne, entraînant une inflation, une dévaluation de la monnaie et des pénuries de biens essentiels. L'utilisation des sanctions comme outil de pression économique met en évidence le pouvoir des institutions financières et des pays puissants d'influencer les politiques et les décisions nationales.

Conclusion : Le contrôle économique et la manipulation des marchés mondiaux sont au cœur du récit de l'État profond. Le rôle des institutions financières mondiales, l'utilisation de l'effet de levier économique et l'impact des interventions économiques sur les économies nationales illustrent le pouvoir et l'influence perçus d'un réseau caché d'entités puissantes. La compréhension de ces mécanismes est essentielle pour explorer le concept plus large de l'État profond et ses implications pour la gouvernance mondiale et la stabilité économique.

Contrôle des médias et de l'information

Le contrôle des médias et de l'information est un mécanisme essentiel par lequel l'État profond est censé façonner l'opinion publique et influencer les relations internationales. Cette section explore l'influence des réseaux médiatiques mondiaux, l'utilisation de la guerre de l'information et de la propagande, ainsi que l'impact sur les relations internationales et la perception du public.

Réseaux médiatiques mondiaux : Les réseaux médiatiques mondiaux, tels que CNN, BBC et Al Jazeera, jouent un rôle important dans la formation de l'opinion publique et la diffusion d'informations dans le monde entier. Ces réseaux ont une portée et une influence considérables, et définissent souvent l'ordre du jour de la couverture médiatique et du débat public. Les critiques affirment que ces médias sont contrôlés par des élites puissantes qui les utilisent pour promouvoir des récits spécifiques et réprimer les opinions dissidentes.

La consolidation de la propriété des médias a encore renforcé les soupçons d'agenda caché. Un petit nombre de conglomérats contrôle une part importante du paysage médiatique mondial, ce qui suscite des inquiétudes quant au manque de diversité des points de vue et au risque de voir les messages diffusés de manière coordonnée. Cette concentration du pouvoir permet de manipuler l'information pour servir les intérêts de l'État profond, en veillant à ce que certains récits dominent la sphère publique tandis que les perspectives alternatives sont marginalisées.

Guerre de l'information : La guerre de l'information implique l'utilisation des technologies de l'information et de la communication pour influencer, perturber ou manipuler la perception et le comportement du public. Cela peut inclure la diffusion de propagande, la propagation de la désinformation et le recours à des opérations psychologiques (PsyOps) pour atteindre des objectifs stratégiques. La guerre de l'information est un élément clé du récit de l'État profond, suggérant que des entités puissantes utilisent ces tactiques pour maintenir le contrôle et influencer les événements mondiaux.

La propagande est un outil essentiel de la guerre de l'information, utilisé pour façonner l'opinion publique et promouvoir des objectifs spécifiques. Cela peut impliquer l'utilisation d'un langage chargé d'émotion, une présentation sélective des faits et la formulation des problèmes d'une manière qui soutient le récit souhaité. L'objectif est de créer un environnement d'information contrôlé où le public est exposé à un message cohérent et favorable.

La désinformation, ou la diffusion délibérée d'informations fausses ou trompeuses, est une autre tactique utilisée dans la guerre de l'information. Les campagnes de désinformation peuvent être utilisées pour semer la confusion, saper la confiance dans les institutions et créer des divisions au sein des sociétés. L'essor des médias sociaux a amplifié la portée et l'impact de la désinformation, lui permettant de se propager rapidement et d'influencer un large public.

Impact sur les relations internationales : Le contrôle des médias et de l'information a des conséquences importantes sur les relations internationales. Les récits véhiculés par les réseaux médiatiques mondiaux peuvent façonner les perceptions et les actions des gouvernements, des organisations et des individus. Cette influence peut affecter les relations diplomatiques, les politiques économiques et les stratégies de sécurité.

Par exemple, la couverture médiatique des conflits et des crises peut influencer l'opinion publique et les réponses des gouvernements. La manière dont sont présentés les événements au Moyen-Orient a façonné les perceptions et les politiques internationales à l'égard de la région. Le cadrage des conflits, le choix des sources et l'accent mis sur certains aspects de l'histoire peuvent tous contribuer à la formation des attitudes du public et des gouvernements.

La guerre de l'information peut également être utilisée pour déstabiliser des adversaires et atteindre des objectifs stratégiques. Les campagnes de désinformation sponsorisées par des États, comme celles qui auraient été menées par la Russie lors de l'élection présidentielle américaine de 2016, visent à influencer les résultats politiques et à créer des divisions au sein des pays ciblés. Ces campagnes peuvent saper la confiance dans les processus et les institutions démocratiques, contribuant à donner l'impression qu'un réseau caché manipule les événements en coulisses.

Études de cas : Plusieurs études de cas illustrent l'impact du contrôle des médias et de l'information sur les relations internationales. La couverture de la guerre en Irak en 2003 en est un exemple notable. Les médias ont joué un rôle crucial dans la formation de l'opinion publique et des décisions gouvernementales en promouvant le récit selon lequel l'Irak possédait des armes de destruction massive. Ce récit, qui s'est avéré faux par la suite, a été utilisé pour justifier l'invasion et a eu de profondes conséquences pour la région et la politique mondiale.

Un autre exemple est l'utilisation des médias sociaux lors des soulèvements du Printemps arabe. Les plateformes de médias sociaux comme Twitter et Facebook ont joué un rôle déterminant dans l'organisation des manifestations et la diffusion d'informations. Cependant, ces plateformes ont également été utilisées pour diffuser de la désinformation et de la propagande, influençant ainsi le cours des événements et les réponses des gouvernements et des acteurs internationaux.

Conclusion : Le contrôle des médias et de l'information est un mécanisme clé par lequel l'État profond est censé façonner l'opinion publique et influencer les relations internationales. L'influence des réseaux médiatiques mondiaux, le recours à la guerre de l'information et à la propagande, ainsi que l'impact sur les relations internationales soulignent la puissance et la portée perçues d'un réseau caché. Il est essentiel de comprendre ces mécanismes pour explorer le concept plus large d'État profond et ses implications pour la gouvernance mondiale et la perception du public.

Influence technologique et cyberopérations

Les avancées technologiques et les cyberopérations jouent un rôle crucial dans le récit du Deep State, soulignant l'intersection entre la technologie, la surveillance et l'influence mondiale. Cette section explore le rôle du cyberespionnage, des programmes de surveillance mondiaux et de la collaboration entre les entreprises technologiques et les gouvernements pour façonner les événements mondiaux et maintenir le contrôle.

Cyberespionnage : Le cyberespionnage consiste à utiliser le piratage informatique et d'autres techniques informatiques pour recueillir des renseignements, perturber des opérations et influencer des événements. Des groupes de pirates informatiques parrainés par des États, souvent liés à des agences de renseignement nationales, mènent des activités de cyberespionnage pour obtenir des avantages stratégiques sur leurs adversaires. Ces opérations peuvent cibler des agences gouvernementales, des installations militaires, des entreprises et des infrastructures critiques.

L'un des exemples les plus notables de cyberespionnage est celui du groupe de hackers russes APT28 (Fancy Bear), qui serait lié à l'agence de renseignement militaire russe GRU. Ce groupe a été impliqué dans de nombreuses cyberattaques, notamment le piratage du Comité national démocrate (DNC) lors de l'élection présidentielle américaine de 2016. Les courriels volés ont été divulgués au public, ce qui a influencé le résultat de l'élection et mis en évidence l'impact potentiel des cyberopérations sur les processus démocratiques.

Un autre exemple significatif est celui des activités de cyberespionnage de la Chine, souvent attribuées à des groupes comme APT10 (Stone Panda) et APT41 (Double Dragon). Ces groupes ciblent un large éventail de secteurs, notamment la technologie, la santé et la finance, pour voler des propriétés intellectuelles et des informations sensibles. L'ampleur et la sophistication de ces opérations soulignent l'importance stratégique du cyberespionnage dans le paysage géopolitique moderne.

Surveillance mondiale : Les programmes de surveillance mondiale sont un élément clé du discours sur l'État profond, suggérant que les gouvernements et les agences de renseignement surveillent les communications et les activités à grande échelle. Les révélations d'Edward Snowden en 2013 sur les programmes de surveillance de la NSA, tels que PRISM et XKeyscore, ont mis en évidence l'ampleur de ces activités. Ces programmes ont collecté des données auprès de millions de personnes dans le monde, souvent à leur insu ou sans leur consentement.

La collaboration entre les agences de renseignement et les entreprises technologiques est au cœur de ces efforts de surveillance. Des entreprises comme Google, Facebook et Microsoft ont été contraintes de donner accès aux données des utilisateurs dans le cadre de programmes autorisés par des lois telles que le Foreign Intelligence Surveillance Act (FISA). Cette collaboration soulève d'importantes préoccupations en matière de confidentialité et de questions sur l'équilibre entre sécurité et droits individuels.

Alliances technologiques : La collaboration entre les entreprises technologiques et les gouvernements s'étend au-delà de la surveillance pour inclure le développement et le déploiement de technologies avancées. Ces alliances peuvent impliquer le partage d'expertise, de ressources et de capacités pour atteindre des objectifs stratégiques. Par exemple, le partenariat entre le ministère américain de la Défense et les entreprises technologiques par le biais d'initiatives telles que la Defense Innovation Unit (DIU) vise à exploiter les technologies commerciales pour des applications militaires.

L'utilisation de l'intelligence artificielle (IA) et de l'apprentissage automatique dans les opérations de surveillance et de cybersécurité est un sujet de préoccupation croissant. L'IA peut améliorer les capacités des systèmes de surveillance, en permettant une analyse plus sophistiquée de grands ensembles de données et l'identification de menaces potentielles. Cependant, le déploiement de l'IA dans ces contextes soulève également des questions éthiques et juridiques concernant la responsabilité, les préjugés et le risque d'abus.

Études de cas : Plusieurs études de cas illustrent l'impact de l'influence technologique et des cyberopérations sur les événements mondiaux. Le virus Stuxnet, une opération conjointe des agences de renseignement américaines et israéliennes, en est un exemple notable. Stuxnet était une cyberarme sophistiquée conçue pour perturber le programme nucléaire de l'Iran en ciblant ses systèmes de contrôle industriel. L'opération a démontré le potentiel des cyberopérations pour atteindre des objectifs stratégiques sans intervention militaire traditionnelle.

Un autre exemple est l'utilisation des réseaux sociaux pour des campagnes de désinformation. L'ingérence russe dans l'élection présidentielle américaine de 2016 a consisté à utiliser les réseaux sociaux pour diffuser de fausses informations, créer des divisions et influencer l'opinion publique. Ces activités ont mis en évidence le rôle de la technologie dans l'élaboration des résultats politiques et les défis de la lutte contre la désinformation à l'ère numérique.

Conclusion : L'influence technologique et les cyberopérations sont au cœur du récit de l'État profond, soulignant l'intersection entre la technologie, la surveillance et l'influence mondiale. Le rôle du cyberespionnage, des programmes de surveillance mondiaux et de la collaboration entre les entreprises technologiques et les gouvernements souligne la puissance et la portée perçues d'un réseau caché. La compréhension de ces mécanismes est essentielle pour explorer le concept plus large de l'État profond et ses implications pour la gouvernance et la sécurité mondiales.

Chapitre 6 : Perception et impact du public

Opinion publique et confiance dans le gouvernement
L'opinion publique et la confiance dans le gouvernement ont considérablement fluctué au fil du temps, sous l'influence d'événements majeurs, de scandales politiques et de changements sociétaux plus vastes. Il est essentiel de comprendre ces tendances pour explorer l'impact du discours de l'État profond sur la perception et la confiance du public dans les institutions démocratiques.

Tendances historiques : Historiquement, la confiance du public dans le gouvernement a connu des hauts et des bas notables. Aux États-Unis, la confiance dans le gouvernement était relativement élevée après la Seconde Guerre mondiale, atteignant un pic au début des années 1960. Cette période était caractérisée par la prospérité économique, un leadership fort et un sentiment d'unité nationale. Cependant, la confiance a commencé à décliner à la fin des années 1960 et dans les années 1970, sous l'influence d'événements tels que la guerre du Vietnam et le scandale du Watergate.

Le scandale du Watergate , en particulier, a eu un impact profond sur la confiance du public. La révélation d'activités illégales et la démission du président Richard Nixon ont érodé la confiance dans l'intégrité des responsables gouvernementaux. Cette période a marqué le début d'une attitude plus sceptique et méfiante à l'égard du gouvernement, qui a persisté à des degrés divers depuis lors.

Impact des scandales : Les scandales politiques ont joué un rôle important dans la confiance du public envers le gouvernement. Des scandales tels que le Watergate, l'affaire Iran-Contra et des controverses plus récentes comme les révélations d'Edward Snowden sur la surveillance de la NSA ont révélé des cas de mauvaise conduite et d'abus de pouvoir du gouvernement. Ces événements ont renforcé le sentiment que les responsables gouvernementaux peuvent agir dans leur propre intérêt plutôt que dans celui du public.

L'affaire Iran-Contra, qui a impliqué la vente secrète d'armes à l'Iran et le détournement de fonds pour soutenir les rebelles Contra au Nicaragua, a encore davantage ébranlé la confiance du public. Le scandale a révélé la volonté des hauts fonctionnaires de contourner les contraintes légales et constitutionnelles, ce qui a donné lieu à un sentiment de trahison au sein de l'opinion publique. De même, les révélations de Snowden sur les programmes de surveillance de masse ont mis en évidence l'ampleur de l'intrusion du gouvernement dans la vie privée des individus, suscitant des inquiétudes quant à la vie privée et aux libertés civiles.

Enquêtes et sondages : Les données des enquêtes et des sondages fournissent des informations précieuses sur les niveaux actuels de confiance dans le gouvernement et sur la croyance dans l'État profond. Selon une enquête du Pew Research Center de 2021, seuls 24 % des Américains ont déclaré qu'ils faisaient confiance au gouvernement fédéral pour faire ce qui est juste « presque toujours » ou « la plupart du temps ». Cela représente un déclin significatif par rapport aux années 1960, lorsque les niveaux de confiance étaient beaucoup plus élevés.

La croyance en l'existence d'un État profond se reflète également dans les données d'enquête. Un sondage de l'Université de Monmouth de 2017 a révélé que près des trois quarts des Américains croyaient en l'existence d'un État profond, défini comme un groupe de responsables gouvernementaux et militaires non élus qui manipulent ou dirigent secrètement la politique nationale. Cette croyance est plus répandue parmi certains groupes politiques, en particulier ceux qui se sentent privés de leurs droits ou méfiants à l'égard du système politique actuel.

Sentiment du public : Le sentiment du public à l'égard de la transparence et de la responsabilité du gouvernement a évolué au fil du temps, sous l'influence des événements historiques, de la couverture médiatique et de la rhétorique politique. La demande d'une plus grande transparence et d'une plus grande responsabilité s'est accrue, motivée par le désir de tenir les responsables gouvernementaux responsables de leurs actes et de veiller au respect des principes démocratiques.

L'essor des médias sociaux et de la communication numérique a également contribué à façonner l'opinion publique. Ces plateformes ont facilité l'accès à l'information, le partage des points de vue et la mobilisation autour de sujets de préoccupation. Cependant, elles ont également contribué à la diffusion de fausses informations et de théories du complot, compliquant les efforts visant à instaurer la confiance et à favoriser un débat public éclairé.

En résumé, l'opinion publique et la confiance dans le gouvernement ont été façonnées par les tendances historiques, les scandales politiques et les changements sociétaux plus vastes. L'impact de ces facteurs est évident dans les données d'enquête et l'opinion publique, soulignant les défis que pose le maintien de la confiance dans les institutions démocratiques. Il est essentiel de comprendre ces dynamiques pour explorer le concept plus large d'État profond et ses implications pour la démocratie et la gouvernance.

Influence des médias sur la perception du public

Les médias jouent un rôle crucial dans la perception du public et la confiance qu'il accorde à son gouvernement. Par leur couverture des événements politiques, des scandales et de l'actualité quotidienne, les médias influencent la manière dont les citoyens comprennent et interprètent les actions de leurs dirigeants et de leurs institutions. Cette section explore l'impact de la couverture médiatique, le rôle du journalisme d'investigation, les préjugés des médias et l'influence des médias sociaux sur la perception du public.

Couverture médiatique : La couverture médiatique des événements et des scandales politiques influence considérablement la perception du public. La manière dont les événements sont rapportés, le langage utilisé et l'accent mis sur certains aspects peuvent tous influencer la façon dont le public interprète ces événements. Par exemple, lors du scandale du Watergate, les reportages persistants et détaillés du Washington Post ont joué un rôle essentiel pour révéler la vérité et façonner l'opinion publique sur l'implication du président Nixon.

Le rôle des médias dans la définition de l'ordre du jour – en décidant quelles questions sont importantes et méritent d'être couvertes – influe également sur la perception du public. En mettant en avant certains sujets et en minimisant d'autres, les médias peuvent influencer ce que le public considère comme des questions importantes. Cette fonction de définition de l'ordre du jour peut façonner le paysage politique et influer sur la confiance du public dans le gouvernement.

Rôle du journalisme d'investigation : Le journalisme d'investigation est un outil puissant pour révéler des opérations clandestines et demander des comptes aux responsables gouvernementaux. Les journalistes qui creusent en profondeur des questions complexes et dénoncent des actes répréhensibles jouent un rôle essentiel dans le maintien de la transparence et la promotion de la confiance dans les institutions démocratiques. Le travail de journalistes comme Bob

Woodward et Carl Bernstein pendant le scandale du Watergate est un parfait exemple de la manière dont le journalisme d'investigation peut mettre en lumière des questions cruciales et influencer la perception du public.

Plus récemment, le journalisme d'investigation a révélé des problèmes importants tels que les programmes de surveillance de masse de la NSA, les Panama Papers et divers cas de corruption politique. Ces révélations entraînent souvent des protestations publiques, des enquêtes judiciaires et des changements de politique, démontrant l'impact du journalisme d'investigation sur la gouvernance et la confiance du public.

Biais médiatique et confiance : Le biais médiatique est un sujet controversé qui affecte la confiance du public dans les médias et, par extension, dans le gouvernement. Le biais peut se manifester de diverses manières, notamment dans le choix des sujets, la formulation des problèmes et le langage utilisé dans les reportages. Le biais perçu peut conduire au scepticisme et à la méfiance du public, en particulier s'il estime que les médias ne présentent pas une image équilibrée ou exacte des événements.

Des études ont montré que les biais médiatiques peuvent renforcer les croyances existantes et contribuer à la polarisation politique. Lorsque les gens consomment des informations qui correspondent à leurs opinions préexistantes, ils sont plus susceptibles de faire confiance à ces informations et de se méfier des sources qui présentent des points de vue opposés. Ce phénomène, connu sous le nom de biais de confirmation, peut approfondir les divisions et rendre plus difficile l'obtention d'un consensus sur des questions importantes.

Influence des médias sociaux : les médias sociaux ont transformé la manière dont l'information est diffusée et consommée, jouant un rôle important dans la perception du public. Des plateformes comme Twitter, Facebook et YouTube permettent aux individus de partager des nouvelles, des opinions et des informations avec un public mondial. Si cette démocratisation de l'information peut être un atout, elle présente également des défis.

La nature virale des réseaux sociaux signifie que les informations, qu'elles soient exactes ou fausses, peuvent se propager rapidement. La désinformation et les théories du complot peuvent rapidement gagner du terrain, influençant la perception du public et la confiance dans le gouvernement. Les algorithmes utilisés par les plateformes de réseaux sociaux privilégient souvent le contenu sensationnaliste, ce qui peut exacerber la propagation d'informations trompeuses.

Les médias sociaux offrent également une plateforme aux voix alternatives et au journalisme indépendant, qui peuvent remettre en question les discours dominants et offrir des perspectives diverses. Cependant, le manque de contrôle éditorial et la prévalence des chambres d'écho, où les utilisateurs sont exposés principalement à des informations qui renforcent leurs convictions existantes, peuvent contribuer à la désinformation et à la polarisation.

Conclusion : L'influence des médias sur la perception du public est profonde, façonnant la manière dont les gens comprennent et interprètent les événements politiques et les actions gouvernementales. La couverture médiatique, le journalisme d'investigation, les préjugés médiatiques et les médias sociaux jouent tous un rôle essentiel dans ce processus. Il est essentiel de comprendre ces dynamiques pour explorer le concept plus large de l'État profond et son impact sur la confiance du public et la gouvernance démocratique.

Mouvements politiques et populisme

La montée des mouvements populistes et leur lien avec les discours de l'État profond sont devenus de plus en plus importants ces dernières années. Cette section explore l'émergence du populisme, l'utilisation de la rhétorique de l'État profond par les dirigeants politiques, l'impact sur les élections et le comportement des électeurs, et des études de cas de mouvements politiques et de dirigeants qui ont exploité ces discours.

La montée du populisme : Le populisme est une approche politique qui cherche à représenter les intérêts des citoyens ordinaires, souvent en opposition à une élite ou à un système établi. Les mouvements populistes ont gagné du terrain dans de nombreux pays, alimentés par les inégalités économiques, la désillusion politique et les angoisses culturelles. Ces mouvements capitalisent souvent sur la frustration du public à l'égard des institutions politiques traditionnelles et promettent de restituer le pouvoir au peuple.

Le lien entre le populisme et les discours de l'État profond est évident dans la rhétorique utilisée par les dirigeants populistes. En présentant leurs campagnes comme des batailles contre un réseau caché d'élites puissantes, ces dirigeants exploitent les peurs et les suspicions existantes. Ce discours trouve un écho auprès des électeurs qui se sentent marginalisés ou trahis par le système politique, renforçant ainsi leur soutien aux candidats populistes.

Rhétorique politique : Les dirigeants politiques qui adoptent une rhétorique populiste utilisent souvent le discours de l'État profond pour rallier des soutiens et discréditer leurs adversaires. En se présentant comme des outsiders luttant contre un système corrompu et bien ancré, ils se positionnent comme les champions du peuple. Cette rhétorique peut être très efficace pour mobiliser les électeurs et créer un sentiment d'urgence et de solidarité.

Par exemple, lors de sa campagne présidentielle de 2016, Donald Trump a souvent invoqué le concept d'État profond pour expliquer son opposition à ses politiques et à ses actions. Il a présenté sa campagne comme une lutte contre une élite corrompue qui cherchait à saper sa présidence et la volonté du peuple. Ce discours a trouvé un écho auprès de nombre de ses partisans, qui le considéraient comme une force perturbatrice qui remettait en cause le statu quo.

De même, d'autres dirigeants populistes du monde entier ont utilisé la rhétorique de l'État profond pour renforcer leurs campagnes. Dans des pays comme le Brésil, la Hongrie et les Philippines, des dirigeants comme Jair Bolsonaro, Viktor Orbán et Rodrigo Duterte ont employé des tactiques similaires pour rallier des soutiens et consolider leur pouvoir. En présentant leurs opposants comme faisant partie d'un réseau caché œuvrant contre les intérêts du peuple, ces dirigeants ont pu galvaniser leur base et maintenir l'élan politique.

Impact sur les élections : L'utilisation des récits de l'État profond peut avoir un impact significatif sur les résultats des élections et le comportement des électeurs. En exploitant les peurs et les suspicions existantes, les dirigeants populistes peuvent mobiliser une large coalition d'électeurs qui se sentent exclus ou désillusionnés par la politique traditionnelle. Cela peut conduire à des victoires électorales inattendues et à des changements dans le paysage politique.

L'élection présidentielle américaine de 2016 est un parfait exemple de la manière dont les discours de l'État profond peuvent influencer le comportement des électeurs. La campagne de Donald Trump a su exploiter ces discours pour attirer une coalition diversifiée d'électeurs, y compris ceux qui se sentaient délaissés par la mondialisation et les changements économiques. Sa victoire a démontré le pouvoir de la rhétorique populiste et l'attrait des messages anti-establishment.

Dans d'autres pays, les dirigeants populistes ont également utilisé le discours de l'État profond pour obtenir des succès électoraux. Le référendum sur le Brexit au Royaume-Uni, par exemple, a été influencé par la rhétorique populiste qui présentait l'Union européenne comme une institution antidémocratique et élitiste. Le succès de la campagne du Leave a mis en évidence l'efficacité de ces discours pour façonner l'opinion publique et favoriser le changement politique.

Études de cas : Plusieurs études de cas illustrent l'utilisation des discours de l'État profond par les mouvements et les dirigeants politiques. Au Brésil, le président Jair Bolsonaro a souvent invoqué le concept d'une élite corrompue qui travaille contre son administration. En présentant ses opposants comme faisant partie d'un réseau caché cherchant à saper sa présidence, Bolsonaro a pu conserver un fort soutien au sein de sa base .

En Hongrie, le Premier ministre Viktor Orbán a utilisé des tactiques similaires pour consolider son pouvoir. En se présentant comme un défenseur de la souveraineté nationale face à une élite mondialiste, Orbán a pu justifier ses politiques controversées et maintenir sa domination politique. Sa rhétorique a trouvé un écho auprès des électeurs qui se sentent menacés par l'immigration et le changement culturel.

Aux Philippines, le président Rodrigo Duterte a utilisé le discours de l'État profond pour justifier son approche agressive de la gouvernance. En présentant sa campagne contre le crime et la corruption comme une lutte contre un réseau caché d'intérêts puissants, Duterte a pu maintenir un niveau élevé de soutien public malgré ses politiques controversées.

Conclusion : La montée des mouvements populistes et l'utilisation des discours de l'État profond par les dirigeants politiques ont eu un impact significatif sur les élections et le comportement des électeurs. En exploitant les peurs et les suspicions existantes, les dirigeants populistes peuvent mobiliser le soutien et obtenir un succès électoral. Comprendre le lien entre le populisme et les discours de l'État profond est essentiel pour explorer le concept plus large de l'État profond et ses implications pour la démocratie et la gouvernance.

Représentation culturelle et culture populaire

Le concept d'État profond a imprégné la culture populaire, influençant la façon dont les gens perçoivent le gouvernement et l'autorité. Cette section explore la manière dont les livres, les films, les émissions de télévision et les théories du complot dans la culture populaire dépeignent l'État profond, la réception publique de ces représentations et leur impact sur les jeunes générations.

Livres et films : La littérature et le cinéma sont depuis longtemps fascinés par l'idée de structures de pouvoir secrètes et de gouvernements cachés. Des romans classiques comme « 1984 » de George Orwell et « Le Meilleur des mondes » d'Aldous Huxley explorent les thèmes de la surveillance, du contrôle et de la manipulation de la vérité, en résonance avec le récit du Deep State. Ces récits dystopiques, bien que fictifs, mettent en évidence les dangers potentiels d'un pouvoir incontrôlé et ont influencé la réflexion publique sur la possibilité d'un gouvernement caché.

Au cinéma, des films comme « Le candidat mandchou » (1962) et « Les trois jours du condor » (1975) se plongent dans le monde de l'espionnage et des opérations secrètes, dépeignant les agences de renseignement comme des entités puissantes capables de manipuler les événements dans l'ombre. Des films plus récents comme « Ennemi d'État » (1998) et « Snowden » (2016) poursuivent cette tradition, reflétant les préoccupations contemporaines concernant la surveillance et les excès de pouvoir du gouvernement.

Les théories du complot dans la culture populaire : Les théories du complot sont devenues un élément essentiel de la culture populaire, souvent représentées dans les livres, les films et les émissions de télévision. Ces théories fournissent un cadre narratif qui explique des événements complexes à travers le prisme des agendas cachés et des organisations secrètes. Des séries comme « The X-Files » (1993-2018) et « 24 » (2001-2010) dépeignent des complots gouvernementaux et des opérations secrètes, captivant le public par leur représentation d'agendas cachés et de personnages obscurs.

La série X-Files est devenue un phénomène culturel, avec son slogan « La vérité est ailleurs » qui résume l'essence de la théorie du Deep State. L'exploration des dissimulations gouvernementales, des rencontres avec des extraterrestres et des phénomènes paranormaux a trouvé un écho auprès des téléspectateurs qui étaient déjà sceptiques à l'égard des récits officiels. De même, 24 heures chrono a dépeint un monde dans lequel les agences de renseignement et les responsables gouvernementaux se livrent à des opérations secrètes pour protéger la sécurité nationale, opérant souvent en dehors des limites de la loi.

Réception publique : La réception publique des représentations culturelles de l'État profond varie considérablement. Pour certains, ces représentations renforcent les soupçons et les craintes existants concernant les excès de pouvoir du gouvernement et les structures de pouvoir cachées. La représentation d'opérations secrètes et de conspirations dans la culture populaire peut valider la croyance selon laquelle des entités puissantes manipulent les événements en coulisses.

Pour d'autres, ces représentations sont une forme de divertissement, une manière d'échapper à la réalité. La dramatisation des théories du complot et des opérations secrètes peut être captivante et susciter la réflexion, même si les spectateurs ne croient pas totalement à l'existence d'un État secret. La popularité de ces thèmes dans les livres, les films et les émissions de télévision suggère une fascination généralisée pour l'idée d'un pouvoir caché et le potentiel de tromperie du gouvernement.

Influence sur la jeunesse : La culture populaire a un impact considérable sur les jeunes générations, façonnant leur perception du gouvernement et de l'autorité. La représentation de l'État profond dans les livres, les films et les émissions de télévision peut influencer la façon dont les jeunes voient le monde et leur relation avec les institutions du pouvoir. Ces représentations culturelles peuvent favoriser le scepticisme et la pensée critique, encourageant les jeunes à remettre en question les discours officiels et à rechercher des perspectives alternatives.

Cependant, l'influence de la culture populaire peut également contribuer à la diffusion de fausses informations et de théories du complot. La dramatisation de questions complexes et le mélange de faits et de fiction peuvent rendre difficile pour les jeunes de distinguer la vérité de la spéculation. Les éducateurs et les parents jouent un rôle crucial pour aider les jeunes à s'y retrouver dans ces influences, en favorisant l'éducation aux médias et l'esprit critique.

Conclusion : Les représentations culturelles de l'État profond dans les livres, les films, les émissions de télévision et les théories du complot jouent un rôle important dans la perception du public et influencent la façon dont les gens perçoivent le gouvernement et l'autorité. La réception publique de ces représentations varie, certains les considérant comme une validation de leurs croyances et d'autres comme un divertissement. L'impact sur les jeunes générations souligne l'importance de l'éducation aux médias et de la pensée critique pour naviguer dans le paysage complexe de la culture populaire et son influence sur la perception du public.

Impact à long terme sur la démocratie et la gouvernance

L'impact à long terme des discours de l'État profond sur la démocratie et la gouvernance est profond, influençant la confiance du public, remettant en cause l'efficacité de la gouvernance et suscitant des appels à la réforme. Cette section explore l'érosion de la confiance dans les institutions démocratiques, les défis posés à la gouvernance, les réformes potentielles pour accroître la transparence et les perspectives d'avenir de la démocratie dans le contexte des discours de l'État profond.

Érosion de la confiance : La croyance en un État profond a considérablement érodé la confiance du public dans les institutions démocratiques. Lorsque les citoyens ont l'impression qu'un réseau caché d'élites puissantes manipule les événements en coulisses, cela sape leur confiance dans la légitimité des élus et des processus gouvernementaux. Cette érosion de la confiance peut conduire à un cynisme accru, à un désengagement du processus politique et à un sentiment d'impuissance chez les citoyens.

Des événements historiques et des scandales politiques ont contribué à cette érosion de la confiance. Le scandale du Watergate, l'affaire Iran-Contra et les révélations sur la surveillance de masse d'Edward Snowden ne sont que quelques exemples qui ont alimenté les soupçons de mauvaise conduite et de secret du gouvernement. Ces événements ont renforcé le sentiment que les responsables gouvernementaux peuvent agir dans leur propre intérêt plutôt que dans celui du public, creusant encore davantage le fossé entre les citoyens et leurs dirigeants.

Défis en matière de gouvernance : La croyance en un État profond pose des défis importants à une gouvernance efficace. Lorsque de larges pans de la population se méfient de leur gouvernement, il devient plus difficile de mettre en œuvre des politiques et de parvenir à un consensus sur des questions importantes. Cette méfiance peut conduire à une polarisation accrue, ce qui rend plus difficile pour les élus de travailler ensemble et de répondre aux besoins de leurs électeurs.

La diffusion de fausses informations et de théories du complot aggrave ces problèmes. Lorsque les gens sont exposés à des informations fausses ou trompeuses, elles peuvent façonner leurs croyances et leurs comportements d'une manière qui porte atteinte aux processus démocratiques. Par exemple, la diffusion de fausses informations sur l'intégrité des élections peut entraîner une baisse de la participation électorale et remettre en cause la légitimité des résultats des élections. Cela peut à son tour créer un cycle de méfiance et d'instabilité qui entrave l'efficacité de la gouvernance.

Réformes potentielles : Pour relever les défis posés par les discours de l'État profond et rétablir la confiance du public, plusieurs réformes potentielles peuvent être envisagées. Accroître la transparence et la responsabilité dans les opérations gouvernementales est une étape cruciale. Cela peut impliquer des mesures telles que le renforcement de la protection des lanceurs d'alerte, l'amélioration de la surveillance des agences de renseignement et la garantie que les actions gouvernementales sont soumises à un examen public.

Il est également essentiel d'améliorer l'éducation aux médias et de promouvoir l'esprit critique. En dotant les citoyens d'outils leur permettant d'évaluer l'information de manière critique, il devient plus facile de contrer la propagation de la désinformation et des théories du complot. Les initiatives éducatives axées sur l'éducation aux médias peuvent aider les citoyens à distinguer les sources crédibles des sources peu fiables et à comprendre l'importance de prendre des décisions fondées sur des données probantes.

La réforme du financement des campagnes électorales et des pratiques de lobbying peut également contribuer à réduire l'influence des élites puissantes sur le processus politique. En limitant le rôle de l'argent en politique et en augmentant la transparence des activités de lobbying, il devient possible de créer des conditions de concurrence plus équitables et de garantir que les élus rendent des comptes à leurs électeurs plutôt qu'à des intérêts particuliers.

Perspectives d'avenir : Les perspectives d'avenir de la démocratie et de la gouvernance dans le contexte des discours de l'État profond sont incertaines. Si les défis sont considérables, il existe également des possibilités de changement positif. La prise de conscience accrue des problèmes liés à la transparence et à la responsabilité du gouvernement peut stimuler les efforts visant à mettre en œuvre des réformes significatives et à renforcer les institutions démocratiques.

Le rôle de la technologie dans la perception du public et la gouvernance va continuer d'évoluer. Si la technologie peut être utilisée pour diffuser de fausses informations, elle a également le potentiel d'améliorer la transparence et de faciliter une plus grande participation des citoyens. Des innovations telles que la technologie blockchain, par exemple, peuvent être utilisées pour créer des systèmes de vote sûrs et transparents, réduisant ainsi le risque de fraude et augmentant la confiance du public dans le processus électoral.

En fin de compte, la résilience des institutions démocratiques dépendra de la capacité des gouvernements, des médias et de la société civile à s'attaquer aux problèmes sous-jacents qui contribuent à la méfiance et à la désillusion. En favorisant une culture de transparence, de responsabilité et de pensée critique, il est possible de contrer l'impact négatif des discours de l'État profond et de construire une démocratie plus solide et plus inclusive.

Conclusion : L'impact à long terme des discours de l'État profond sur la démocratie et la gouvernance est profond, influençant la confiance du public, remettant en cause l'efficacité de la gouvernance et suscitant des appels à la réforme. Pour relever ces défis, il faut adopter une approche multidimensionnelle qui comprend l'augmentation de la transparence, l'amélioration de l'éducation aux médias et la réforme des pratiques politiques. L'avenir de la démocratie dépendra de la capacité à gérer ces complexités et à construire un système politique plus résilient et plus inclusif.

Chapitre 7 : Critiques et démystifications

Points de vue sceptiques

Les points de vue sceptiques sur la théorie de l'État profond sont essentiels pour une compréhension équilibrée du sujet. Les critiques soutiennent que le concept d'État profond repose souvent sur des hypothèses sans fondement, manque de preuves crédibles et peut nuire au discours démocratique. Cette section explore les arguments des sceptiques, l'importance de la pensée critique et les dangers potentiels de l'adhésion aux théories du complot sans preuves suffisantes.

Arguments des sceptiques : Les sceptiques de la théorie de l'État profond soulignent souvent que le concept est enraciné dans une mauvaise compréhension du fonctionnement du gouvernement et des bureaucraties . Ils soutiennent que ce qui est souvent perçu comme un réseau de pouvoir caché est , en réalité, le résultat de processus bureaucratiques complexes et parfois inefficaces. Les agences et les fonctionnaires du gouvernement fonctionnent dans un cadre de freins et contrepoids, et leurs actions sont soumises au contrôle des représentants élus, du pouvoir judiciaire et des médias.

L'un des principaux arguments contre la théorie du Deep State est le manque de preuves crédibles. Si les partisans de cette théorie citent souvent des preuves anecdotiques et des incidents isolés, les sceptiques soulignent l'importance d'une analyse rigoureuse et fondée sur des preuves. Ils soutiennent que bon nombre des affirmations des théoriciens du Deep State sont spéculatives et ne sont pas étayées par des faits vérifiables. Par exemple, l'idée qu'un petit groupe de fonctionnaires non élus puisse contrôler les politiques nationales et mondiales est considérée comme peu plausible compte tenu de la complexité et de la diversité de la gouvernance moderne.

Importance de la pensée critique : La pensée critique est essentielle pour évaluer les affirmations concernant l'État profond. Elle implique de remettre en question les hypothèses, d'évaluer les preuves et d'envisager des explications alternatives. Les sceptiques soutiennent que de nombreuses personnes sont attirées par les théories du complot parce qu'elles fournissent des explications simples à des problèmes complexes. Cependant, ces explications négligent souvent les nuances et les subtilités des événements du monde réel.

La pensée critique implique également de reconnaître les biais cognitifs qui peuvent déformer notre perception de la réalité. Le biais de confirmation, par exemple, conduit les individus à privilégier les informations qui confirment leurs croyances préexistantes tout en ignorant les preuves qui les contredisent. En étant conscients de ces biais, les individus peuvent aborder la théorie de l'État profond avec un état d'esprit plus ouvert et analytique, en tenant compte de multiples points de vue et preuves.

Dangers potentiels des théories du complot : L'adhésion aux théories du complot sans preuves suffisantes peut avoir plusieurs conséquences négatives. L'un des principaux dangers est l'érosion de la confiance dans les institutions démocratiques. Lorsque les citoyens croient que leur gouvernement est contrôlé par un réseau caché d'élites, cela sape leur confiance dans la légitimité des élus et du processus démocratique. Cette érosion de la confiance peut conduire à un cynisme accru, à un désengagement du processus politique et à un sentiment d'impuissance chez les citoyens.

Les théories du complot peuvent également contribuer à la polarisation et à la division sociales. En présentant certains groupes ou individus comme des ennemis, ces théories créent une mentalité de « nous contre eux » qui peut creuser les divisions sociales. Cette polarisation peut rendre plus difficile l'obtention d'un consensus sur des questions importantes et peut conduire à une augmentation des conflits et de l'hostilité.

En outre, les théories du complot peuvent détourner l'attention des véritables problèmes et entraver les efforts visant à les résoudre. Lorsque les gens se concentrent sur des allégations infondées concernant un État profond, ils risquent de négliger des problèmes réels qui nécessitent une attention et une action. Cette distraction peut détourner les ressources et l'énergie de solutions significatives et entraver les progrès sur des questions cruciales telles que les inégalités économiques, le changement climatique et la justice sociale.

Études de cas de théories démystifiées : Plusieurs études de cas illustrent comment des théories du complot ont été démystifiées grâce à des enquêtes rigoureuses et à des analyses fondées sur des preuves. La théorie du complot « Pizzagate », par exemple, prétendait qu'un réseau de trafic d'enfants impliquant des politiciens de premier plan était dirigé depuis une pizzeria de Washington, DC. Cette théorie a gagné en popularité sur les réseaux sociaux, mais a été complètement démystifiée par les forces de l'ordre et les journalistes d'investigation. Malgré le manque de preuves, la théorie a eu des conséquences dans le monde réel, notamment un incident violent dans la pizzeria.

Un autre exemple est la théorie du complot des « birthers », qui prétendait à tort que le président Barack Obama n'était pas né aux

États-Unis et n'était donc pas éligible à la présidence. Cette théorie a été promue par diverses personnalités publiques, mais a été démentie par la publication du certificat de naissance d'Obama et d'autres documents officiels. La persistance de cette théorie, malgré des preuves évidentes du contraire, souligne les défis que pose la lutte contre la désinformation et les théories du complot.

Conclusion : Les sceptiques sur la théorie de l'État profond soulignent l'importance de la pensée critique, de l'analyse fondée sur des preuves et des dangers potentiels de l'adoption de théories du complot sans preuves suffisantes. En remettant en question les hypothèses, en évaluant les preuves et en envisageant des explications alternatives, les individus peuvent aborder le sujet avec un état d'esprit plus équilibré et analytique. Comprendre les arguments des sceptiques est essentiel pour explorer le concept plus large de l'État profond et ses implications pour la démocratie et la gouvernance.

Vérification des faits

La vérification des faits est un outil essentiel pour démystifier les théories du complot et garantir que le discours public repose sur des informations exactes. Cette section explore le rôle des organisations de vérification des faits, les méthodologies qu'elles utilisent et les défis auxquels elles sont confrontées pour lutter contre la désinformation et les théories du complot liées au Deep State.

Rôle des organismes de vérification des faits : Les organismes de vérification des faits jouent un rôle essentiel dans la vérification de l'exactitude des déclarations faites par des personnalités publiques, des médias et des utilisateurs de réseaux sociaux. Ces organismes, tels que FactCheck.org, PolitiFact et Snopes, se consacrent à l'enquête et à la démystification des informations fausses ou trompeuses. En fournissant des analyses fondées sur des preuves, ils contribuent à clarifier des questions complexes et à promouvoir un débat public éclairé.

Les vérificateurs de faits travaillent souvent en collaboration avec des organismes de presse, des plateformes de médias sociaux et des institutions universitaires pour identifier et traiter la désinformation. Leur travail est essentiel pour maintenir l'intégrité de l'information et garantir que le public a accès à des données fiables et exactes. Dans le contexte du récit de l'État profond, les organisations de vérification des faits examinent les allégations concernant les réseaux cachés, les conspirations gouvernementales et les opérations secrètes pour séparer les faits de la fiction.

Méthodologies utilisées pour la vérification des faits : Les organismes de vérification des faits emploient des méthodologies rigoureuses pour vérifier l'exactitude des déclarations. Ces méthodologies impliquent généralement plusieurs étapes clés :

1. **Identification des allégations** : les vérificateurs de faits surveillent les déclarations des politiciens, des médias et des utilisateurs des réseaux sociaux pour identifier les allégations qui méritent une enquête. Ils donnent la priorité aux allégations susceptibles d'influencer l'opinion publique ou les décisions politiques.

2. **Recueil de preuves** : les vérificateurs de faits recueillent des preuves à partir de diverses sources, notamment des documents officiels, des entretiens avec des experts et des données accessibles au public. Ils recherchent des sources primaires et corroborent les informations provenant de plusieurs sources indépendantes pour garantir l'exactitude des informations.

3. **Analyse des allégations** : les vérificateurs de faits analysent les preuves pour déterminer la validité des allégations. Ils évaluent le contexte dans lequel les allégations ont été formulées, la crédibilité des sources et la cohérence logique des arguments.

4. **Publication des résultats** : les vérificateurs de faits publient leurs résultats dans des rapports détaillés qui expliquent les preuves et le raisonnement qui sous-tendent leurs conclusions. Ces rapports incluent souvent des notes qui indiquent l'exactitude des affirmations, telles que « Vrai », « Faux » ou « Pantalon en feu ».

5. **Interagir avec le public** : Les vérificateurs de faits interagissent avec le public par le biais des médias sociaux, des forums publics et des initiatives éducatives pour promouvoir l'éducation aux médias et la pensée critique. Ils encouragent les individus à remettre en question les hypothèses, à évaluer les preuves et à rechercher des sources d'information fiables.

Les défis de la lutte contre la désinformation : Malgré leurs efforts, les organismes de vérification des faits sont confrontés à plusieurs défis pour lutter contre la désinformation et les théories du complot. L'un des principaux défis est le volume considérable de fausses informations qui circulent sur les réseaux sociaux et autres plateformes. La propagation rapide de la désinformation peut dépasser la capacité des vérificateurs de faits à y faire face, ce qui entraîne une confusion et des malentendus généralisés.

Un autre défi est la persistance des biais cognitifs qui influencent la manière dont les gens traitent l'information. Le biais de confirmation, par exemple, conduit les individus à privilégier les informations qui correspondent à leurs croyances préexistantes et à rejeter les preuves qui les contredisent. Ce biais peut rendre difficile pour les vérificateurs de faits de changer d'avis , même lorsqu'ils présentent des preuves claires et convaincantes.

La politisation de la vérification des faits constitue également un défi de taille. Dans des environnements très polarisés, les organismes de vérification des faits peuvent être perçus comme partiaux ou partisans, ce qui nuit à leur crédibilité et à leur efficacité. Les efforts visant à maintenir la transparence, l'indépendance et le respect de normes rigoureuses sont essentiels pour établir et maintenir la confiance du public.

Études de cas de vérification des faits réussies : Plusieurs études de cas illustrent l'impact d'une vérification des faits réussie dans la démystification des théories du complot et la promotion d'informations exactes. Un exemple notable est la démystification de la théorie du complot « Pizzagate », qui prétendait à tort qu'un réseau de trafic d'enfants impliquant des politiciens de premier plan était dirigé depuis une pizzeria de Washington, DC. Les organisations de vérification des faits, ainsi que les forces de l'ordre et les journalistes d'investigation, ont complètement démystifié ces allégations, soulignant le manque de preuves et les dangers de la diffusion de fausses informations.

Un autre exemple est la vérification des faits relatifs à la pandémie de COVID-19. Les vérificateurs de faits ont joué un rôle crucial dans la lutte contre la désinformation sur le virus, les vaccins et les mesures de santé publique. En fournissant des informations exactes et fondées sur des preuves, ils ont contribué à contrecarrer les mythes néfastes et à promouvoir une prise de décision éclairée.

Conclusion : La vérification des faits est un outil essentiel pour démystifier les théories du complot et garantir que le discours public repose sur des informations exactes. Le rôle des organisations de vérification des faits, les méthodologies qu'elles utilisent et les défis auxquels elles sont confrontées soulignent l'importance d'une analyse fondée sur des preuves pour lutter contre la désinformation. Il est essentiel de comprendre l'impact de la vérification des faits pour explorer le concept plus large de l'État profond et ses implications pour la démocratie et la gouvernance.

Explications alternatives

Alors que la théorie de l'État profond postule qu'un réseau caché d'entités puissantes manipule les événements en coulisses, les sceptiques et les critiques proposent des explications alternatives aux phénomènes souvent attribués à l'État profond. Cette section explore ces explications alternatives, en soulignant l'importance de prendre en compte de multiples perspectives et les complexités de la gouvernance et de l'élaboration des politiques .

Inertie bureaucratique : L'une des principales explications alternatives à l'influence perçue d'un État profond est l'inertie bureaucratique. L'inertie bureaucratique fait référence à la tendance des grandes organisations, y compris les agences gouvernementales, à résister au changement et à maintenir les procédures et les politiques établies. Cette résistance peut donner l'impression d'un réseau caché travaillant contre les élus, mais elle est souvent le résultat d'une dynamique institutionnelle plutôt que d'une conspiration coordonnée.

Les organismes gouvernementaux sont composés de fonctionnaires de carrière qui possèdent des connaissances et une expertise spécialisées. Ces personnes restent souvent en poste malgré les changements de dirigeants politiques, ce qui assure la continuité et la stabilité. Si cette continuité peut être bénéfique, elle peut également conduire à une résistance aux nouvelles politiques et réformes proposées par les nouvelles administrations. Cette résistance n'est pas nécessairement motivée par un agenda caché, mais par une préférence pour les pratiques établies et une approche prudente du changement.

Complexité de la gouvernance : La complexité de la gouvernance est un autre facteur qui peut expliquer les phénomènes attribués à l'État profond. Les gouvernements modernes sont responsables de la gestion d'un large éventail de questions, allant de la sécurité nationale et de la politique économique à la santé publique et à l'éducation. La complexité même de ces tâches nécessite l'implication de nombreux organismes, départements et fonctionnaires, chacun ayant ses propres domaines d'expertise et de responsabilité.

Cette complexité peut donner l'impression d'un réseau de pouvoir caché, car les décisions sont souvent prises selon des processus complexes qui ne sont pas toujours transparents pour le public. L'élaboration des politiques implique des négociations, des compromis et la mise en balance d'intérêts concurrents, ce qui peut conduire à des résultats qui peuvent sembler opaques ou contradictoires. Comprendre les complexités de la gouvernance peut aider à démystifier le processus de prise de décision et à réduire la perception d'un agenda caché.

Les freins et contrepoids institutionnels : Les freins et contrepoids institutionnels sont fondamentaux pour la gouvernance démocratique et peuvent fournir une explication alternative à l'influence perçue d'un État profond. Ces mécanismes sont conçus pour empêcher qu'une branche du gouvernement ne devienne trop puissante et pour garantir la responsabilité et la transparence.

Par exemple, la séparation des pouvoirs entre les pouvoirs exécutif, législatif et judiciaire crée un système de freins et contrepoids. Chaque pouvoir a ses propres fonctions et peut limiter les actions des autres. Ce système peut parfois créer des frictions et ralentir la prise de décision, mais il vise à protéger contre les abus de pouvoir et à garantir que les politiques soient soumises à un examen et à un débat.

De même, les organismes de surveillance, tels que les commissions du Congrès et les organismes de surveillance indépendants, jouent un rôle crucial dans le suivi des actions gouvernementales et la responsabilisation des responsables. Ces organismes mènent des enquêtes, examinent les politiques et formulent des recommandations pour garantir que les activités gouvernementales sont menées conformément à la loi et à l'intérêt public.

Erreur humaine et mauvaise gestion : L'erreur humaine et la mauvaise gestion sont également des facteurs importants à prendre en compte lors de l'évaluation des allégations concernant l'État profond. Les responsables gouvernementaux, comme tout individu, sont susceptibles de commettre des erreurs et de prendre de mauvaises décisions. Ces erreurs peuvent résulter d'un manque d'information, d'une mauvaise communication ou d'un jugement erroné, plutôt que d'une tentative délibérée de manipuler les événements.

Les cas de mauvaise gestion peuvent donner l'impression d'une action coordonnée visant à saper les politiques ou les dirigeants, mais ils sont souvent le résultat de problèmes systémiques au sein des organisations. Pour remédier à ces problèmes, il faut améliorer la formation, la communication et la supervision, plutôt que de les attribuer à un réseau de pouvoir caché.

Études de cas d'explications alternatives : Plusieurs études de cas illustrent comment des explications alternatives peuvent rendre compte de phénomènes souvent attribués à l'État profond. La réponse à la pandémie de COVID-19, par exemple, a impliqué une interaction complexe entre agences gouvernementales, experts en santé publique et dirigeants politiques. Les incohérences et les retards perçus dans la réponse peuvent être attribués aux défis de la gestion d'une crise en évolution rapide, plutôt qu'à un effort coordonné pour manipuler les événements.

Un autre exemple est la mise en œuvre des politiques économiques lors des crises financières. Les décisions prises par les banques centrales et les agences gouvernementales sont souvent influencées par une série de facteurs, notamment les données économiques, les avis d'experts et les considérations politiques. La complexité de ces décisions peut donner l'impression qu'il existe un agenda caché, mais elles sont généralement le résultat d'un processus multidimensionnel et transparent.

Conclusion : Les explications alternatives aux phénomènes attribués à l'État profond soulignent l'importance de prendre en compte de multiples perspectives et la complexité de la gouvernance et de l'élaboration des politiques . L'inertie bureaucratique, la complexité de la gouvernance, les freins et contrepoids institutionnels, ainsi que l'erreur humaine et la mauvaise gestion fournissent des explications plausibles à l'influence perçue d'un réseau de pouvoir caché. La compréhension de ces explications alternatives est essentielle pour explorer le concept plus large d'État profond et ses implications pour la démocratie et la gouvernance.

Conclusion

La théorie de l'État profond, qui prétend qu'il existe un réseau caché d'entités puissantes manipulant les événements en coulisses, a captivé l'imagination de beaucoup de gens. Cependant, il est essentiel d'aborder ces théories avec un œil critique, en envisageant des explications alternatives et les implications plus larges pour la démocratie et la gouvernance. Cette section synthétise les points clés abordés dans le chapitre, en soulignant l'importance d'une analyse fondée sur des preuves et les dangers potentiels des théories du complot.

Synthèse des points clés : Tout au long de ce chapitre, nous avons exploré divers aspects de la théorie de l'État profond, notamment les arguments des sceptiques, le rôle de la vérification des faits et les explications alternatives des phénomènes souvent attribués à un réseau de pouvoir caché. Les sceptiques soutiennent que le concept d'État profond repose souvent sur des hypothèses sans fondement et manque de preuves crédibles. Ils soulignent l'importance de la pensée critique et de l'analyse fondée sur des preuves pour évaluer de telles affirmations.

Les organismes de vérification des faits jouent un rôle crucial dans la démystification des théories du complot et dans la garantie que le discours public repose sur des informations exactes. En employant des méthodologies rigoureuses et en s'engageant auprès du public, ces organismes contribuent à clarifier des questions complexes et à promouvoir une prise de décision éclairée. Malgré les défis auxquels ils sont confrontés, les vérificateurs de faits sont essentiels pour lutter contre la désinformation et préserver l'intégrité de l'information.

D'autres explications, comme l'inertie bureaucratique, la complexité de la gouvernance, les freins et contrepoids institutionnels, l'erreur humaine et la mauvaise gestion, fournissent des raisons plausibles pour les phénomènes attribués à l'État profond. Ces explications soulignent l'importance de prendre en compte de multiples perspectives et de comprendre les subtilités des opérations gouvernementales et de l'élaboration des politiques .

Importance de l'analyse fondée sur des preuves : L'analyse fondée sur des preuves est fondamentale pour comprendre et évaluer les affirmations concernant l'État profond. En s'appuyant sur des sources crédibles, des méthodologies rigoureuses et une pensée critique, les individus peuvent distinguer les faits de la fiction et porter des jugements éclairés. Cette approche est essentielle pour contrer la propagation de la désinformation et des théories du complot, qui peuvent avoir des conséquences néfastes pour la gouvernance démocratique.

La méthode scientifique, qui consiste à formuler des hypothèses, à rassembler des preuves et à tester des affirmations, fournit un cadre solide pour évaluer la validité des théories. L'application de cette méthode à la théorie de l'État profond peut aider à identifier les forces et les faiblesses des arguments et à garantir que les conclusions reposent sur des preuves solides.

Dangers potentiels des théories du complot : L'adhésion aux théories du complot sans preuves suffisantes peut avoir plusieurs conséquences négatives. L'un des principaux dangers est l'érosion de la confiance dans les institutions démocratiques. Lorsque les citoyens croient que leur gouvernement est contrôlé par un réseau caché d'élites, cela sape leur confiance dans la légitimité des élus et du processus démocratique. Cette érosion de la confiance peut conduire à un cynisme accru, à un désengagement du processus politique et à un sentiment d'impuissance chez les citoyens.

Les théories du complot peuvent également contribuer à la polarisation et à la division sociales. En présentant certains groupes ou individus comme des ennemis, ces théories créent une mentalité de « nous contre eux » qui peut creuser les divisions sociales. Cette polarisation peut rendre plus difficile l'obtention d'un consensus sur des questions importantes et peut conduire à une augmentation des conflits et de l'hostilité.

En outre, les théories du complot peuvent détourner l'attention des véritables problèmes et entraver les efforts visant à les résoudre. Lorsque les gens se concentrent sur des allégations infondées concernant un État profond, ils risquent de négliger des problèmes réels qui nécessitent une attention et une action. Cette distraction peut détourner les ressources et l'énergie de solutions significatives et entraver les progrès sur des questions cruciales telles que les inégalités économiques, le changement climatique et la justice sociale.

Perspectives d'avenir : Les perspectives d'avenir de la démocratie et de la gouvernance dans le contexte des discours de l'État profond sont incertaines. Si les défis sont considérables, il existe également des possibilités de changement positif. La prise de conscience accrue des problèmes liés à la transparence et à la responsabilité du gouvernement peut stimuler les efforts visant à mettre en œuvre des réformes significatives et à renforcer les institutions démocratiques.

Le rôle de la technologie dans la perception du public et la gouvernance va continuer d'évoluer. Si la technologie peut être utilisée pour diffuser de fausses informations, elle a également le potentiel d'améliorer la transparence et de faciliter une plus grande participation des citoyens. Des innovations telles que la technologie blockchain, par exemple, peuvent être utilisées pour créer des systèmes de vote sûrs et transparents, réduisant ainsi le risque de fraude et augmentant la confiance du public dans le processus électoral.

En fin de compte, la résilience des institutions démocratiques dépendra de la capacité des gouvernements, des médias et de la société civile à s'attaquer aux problèmes sous-jacents qui contribuent à la méfiance et à la désillusion. En favorisant une culture de transparence, de responsabilité et de pensée critique, il est possible de contrer l'impact négatif des discours de l'État profond et de construire une démocratie plus solide et plus inclusive.

Conclusion : La théorie de l'État profond, bien que captivante, nécessite un examen attentif et une analyse fondée sur des preuves. En envisageant des explications alternatives et en comprenant les complexités de la gouvernance, les individus peuvent aborder le sujet avec un état d'esprit équilibré et analytique. Relever les défis posés par les théories du complot et promouvoir un discours public éclairé sont essentiels pour la santé et la résilience des institutions démocratiques.

Chapitre 8 : L'avenir de la théorie de l'État prof

Des récits en évolution
La théorie de l'État profond, comme de nombreuses théories du complot, n'est pas statique. Elle évolue et s'adapte à de nouveaux contextes politiques, sociaux et technologiques, reflétant l'évolution des événements mondiaux et du sentiment public. Cette section explore la manière dont la théorie de l'État profond s'adapte à de nouveaux contextes, les thèmes émergents et les variations de la théorie, l'influence des événements actuels et le rôle des médias et des réseaux sociaux dans la propagation et l'évolution de ces récits.

Adaptation à de nouveaux contextes : La théorie de l'État profond a montré une remarquable capacité d'adaptation à différents environnements politiques et sociaux. Initialement ancrée dans les craintes d'infiltration communiste et d'ingérence gouvernementale de l'époque de la guerre froide, la théorie a évolué pour englober un large éventail de problèmes contemporains. Dans l'ère post-11 septembre, par exemple, l'accent a été mis sur les préoccupations liées à la surveillance de masse, au secret gouvernemental et à l'érosion des libertés civiles. La théorie s'est également adaptée pour inclure les craintes liées à la mondialisation, aux inégalités économiques et à l'influence des multinationales.

À mesure que de nouveaux problèmes apparaissent, la théorie de l'État profond les intègre dans son récit, fournissant ainsi un cadre de compréhension d'événements complexes et souvent dérangeants. Cette adaptabilité garantit que la théorie reste pertinente et trouve un écho auprès d'un large public, quel que soit le contexte politique ou social spécifique.

Thèmes émergents : Plusieurs thèmes émergents et variantes de la théorie du Deep State ont pris de l'importance ces dernières années. L'un de ces thèmes est la surveillance numérique, qui est devenue une préoccupation centrale à l'ère d'Internet et des technologies avancées. Les révélations d'Edward Snowden sur les programmes de surveillance de masse de la NSA ont alimenté les craintes quant à la mesure dans laquelle les gouvernements surveillent et contrôlent les communications numériques. Ce thème est souvent lié aux préoccupations concernant la confidentialité, la sécurité des données et le pouvoir des entreprises technologiques.

Un autre thème émergent est celui de la gouvernance mondiale, qui postule qu'un réseau caché d'élites opère à l'échelle mondiale, influençant les organisations internationales et façonnant les politiques mondiales. Cette variante de la théorie de l'État profond suggère que des entités comme les Nations Unies, le Fonds monétaire international et la Banque mondiale sont les outils d'une élite mondiale qui cherche à contrôler les gouvernements et les économies nationales. Ce thème trouve un écho chez ceux qui sont sceptiques à l'égard de la mondialisation et préoccupés par la perte de souveraineté nationale.

Influence de l'actualité : L'actualité joue un rôle important dans la définition et l'évolution des récits de l'État profond. Les scandales politiques, les avancées technologiques et les événements mondiaux majeurs peuvent tous influencer la manière dont la théorie est perçue et propagée. Par exemple, l'élection présidentielle américaine de 2016 et les enquêtes ultérieures sur l'ingérence russe ont introduit le concept d'État profond dans le discours politique dominant. Les allégations d'un réseau caché œuvrant à saper l'administration Trump ont trouvé un écho auprès de nombreux électeurs et ont alimenté la popularité de la théorie.

Les avancées technologiques, comme l'essor de l'intelligence artificielle et du big data, ont également influencé les discours sur l'État profond. Les inquiétudes concernant le potentiel de ces technologies à être utilisées à des fins de surveillance et de contrôle ont été intégrées à la théorie, reflétant des inquiétudes plus larges quant aux implications du progrès technologique.

Rôle des médias et des réseaux sociaux : Les médias traditionnels et les réseaux sociaux jouent un rôle crucial dans la propagation et l'évolution des récits de l'État profond. La couverture médiatique des événements politiques, des scandales et des développements technologiques peut façonner la perception du public et influencer la façon dont la théorie est comprise. Le journalisme d'investigation , en particulier, peut révéler des opérations cachées et fournir des preuves qui soutiennent ou réfutent des éléments de la théorie.

Les réseaux sociaux, comme Twitter, Facebook et YouTube, ont amplifié la portée et l'impact des récits du Deep State. Ces plateformes permettent aux individus de partager des informations, de se connecter avec des personnes partageant les mêmes idées et de créer des communautés autour de croyances communes. La nature virale des réseaux sociaux signifie que les récits du Deep State peuvent se propager rapidement, atteindre un large public et influencer l'opinion publique.

Les algorithmes utilisés par les plateformes de médias sociaux privilégient souvent les contenus sensationnalistes, ce qui peut exacerber la propagation des théories du complot. Cela peut créer des chambres d'écho où les utilisateurs sont exposés en priorité à des informations qui renforcent leurs croyances existantes, ce qui rend plus difficile la lutte contre la désinformation et la promotion de la pensée critique.

Conclusion : La théorie de l'État profond continue d'évoluer et de s'adapter aux nouveaux contextes politiques, sociaux et technologiques. Les thèmes émergents, tels que la surveillance numérique et la gouvernance mondiale, reflètent les préoccupations contemporaines et garantissent la pertinence de la théorie. L'actualité et le rôle des médias et des réseaux sociaux jouent un rôle important dans la formation et la propagation de ces récits. Il est essentiel de comprendre la nature évolutive de la théorie de l'État profond pour explorer ses implications futures pour la démocratie, la gouvernance et la confiance du public.

Impact sur le discours politique

La théorie de l'État profond a eu un impact profond sur le discours politique, contribuant à la polarisation, influençant les campagnes politiques et affectant la confiance et l'engagement du public. Cette section explore la manière dont la théorie contribue à la division politique, son utilisation dans la rhétorique politique, son impact sur les élections et le comportement des électeurs, et fournit des études de cas de mouvements et de campagnes politiques récents qui ont exploité les récits de l'État profond.

Polarisation et division : La théorie de l'État profond a contribué de manière significative à la polarisation et à la division politiques. En présentant les conflits politiques comme des batailles entre des citoyens ordinaires et un réseau caché d'élites puissantes, la théorie crée une mentalité de « nous contre eux ». Ce récit peut approfondir les divisions existantes et rendre plus difficile l'obtention d'un consensus sur des questions importantes.

La polarisation politique est exacerbée lorsque les individus consomment des informations qui correspondent à leurs convictions préexistantes. Les plateformes de médias sociaux et les médias partisans renforcent souvent ces divisions en promouvant des contenus qui plaisent à des groupes idéologiques spécifiques. La théorie de l'État profond, qui met l'accent sur les complots cachés et la manipulation des élites, trouve un fort écho auprès de ceux qui se sentent privés de leurs droits ou méfiants à l'égard des institutions politiques traditionnelles.

Influence sur les campagnes politiques : Les dirigeants politiques et les candidats ont de plus en plus recours à la rhétorique de l'État profond pour rallier des soutiens et discréditer leurs adversaires. En se présentant comme des outsiders luttant contre un système corrompu et bien ancré, ils se positionnent comme les champions du peuple. Cette rhétorique peut s'avérer très efficace pour mobiliser les électeurs et créer un sentiment d'urgence et de solidarité.

Au cours de la campagne présidentielle américaine de 2016, Donald Trump a souvent invoqué le concept d'État profond pour expliquer l'opposition à sa politique et à ses actions. Il a présenté sa campagne comme une lutte contre une élite corrompue qui cherchait à saper sa présidence et la volonté du peuple. Ce discours a trouvé un écho auprès de nombre de ses partisans, qui le considéraient comme une force perturbatrice qui remettait en cause le statu quo.

De même, d'autres dirigeants populistes du monde entier ont utilisé la rhétorique de l'État profond pour renforcer leurs campagnes. Dans des pays comme le Brésil, la Hongrie et les Philippines, des dirigeants comme Jair Bolsonaro, Viktor Orbán et Rodrigo Duterte ont employé des tactiques similaires pour rallier des soutiens et consolider leur pouvoir. En présentant leurs opposants comme faisant partie d'un réseau caché œuvrant contre les intérêts du peuple, ces dirigeants ont pu galvaniser leur base et maintenir l'élan politique.

Confiance et engagement du public : L'utilisation de récits de l'État profond peut avoir un impact significatif sur la confiance du public dans le gouvernement et l'engagement politique. Lorsque les gens croient que leur gouvernement est contrôlé par un réseau caché d'élites, cela sape leur confiance dans la légitimité des élus et du processus démocratique. Cette érosion de la confiance peut conduire à un cynisme accru, à un désengagement du processus politique et à un sentiment d'impuissance chez les citoyens.

Cependant, les discours de l'État profond peuvent également inciter certains segments de la population à devenir plus actifs politiquement. En présentant les conflits politiques comme des batailles existentielles contre une élite corrompue, ces discours peuvent inciter les individus à agir , que ce soit en votant, en manifestant ou en s'engageant dans l'activisme politique. Cet engagement accru peut avoir des effets à la fois positifs et négatifs, selon la nature des actions entreprises et les motivations sous-jacentes.

Études de cas : Plusieurs campagnes et mouvements politiques récents ont exploité les discours de l'État profond pour obtenir des succès électoraux et mobiliser des soutiens. Au Brésil, le président Jair Bolsonaro a souvent invoqué le concept d'une élite corrompue travaillant contre son administration. En présentant ses opposants comme faisant partie d'un réseau caché cherchant à saper sa présidence, Bolsonaro a pu conserver un fort soutien parmi sa base .

En Hongrie, le Premier ministre Viktor Orbán a utilisé des tactiques similaires pour consolider son pouvoir. En se présentant comme un défenseur de la souveraineté nationale face à une élite mondialiste, Orbán a pu justifier ses politiques controversées et maintenir sa domination politique. Sa rhétorique a trouvé un écho auprès des électeurs qui se sentent menacés par l'immigration et le changement culturel.

Aux Philippines, le président Rodrigo Duterte a utilisé le discours de l'État profond pour justifier son approche agressive de la gouvernance. En présentant sa campagne contre le crime et la corruption comme une lutte contre un réseau caché d'intérêts puissants, Duterte a pu maintenir un niveau élevé de soutien public malgré ses politiques controversées.

Conclusion : La théorie de l'État profond a eu un impact profond sur le discours politique, contribuant à la polarisation, influençant les campagnes politiques et affectant la confiance et l'engagement du public. En présentant les conflits politiques comme des batailles entre des citoyens ordinaires et un réseau caché d'élites puissantes, la théorie crée une mentalité « nous contre eux » qui peut approfondir les divisions et mobiliser le soutien. Comprendre l'impact des récits de l'État profond sur le discours politique est essentiel pour explorer le concept plus large de l'État profond et ses implications pour la démocratie et la gouvernance.

Progrès technologiques et surveillance

Les progrès technologiques et l'expansion des capacités de surveillance sont au cœur de l'évolution de la théorie de l'État profond. À mesure que la technologie continue de progresser, les préoccupations concernant la vie privée, les libertés civiles et le risque d'abus de pouvoir augmentent. Cette section explore l'avenir des technologies de surveillance, le rôle de l'intelligence artificielle (IA) et du big data, les implications de la cybersécurité et de la cyberguerre, ainsi que les considérations éthiques et juridiques entourant ces développements.

L'avenir des technologies de surveillance : L'avenir des technologies de surveillance est marqué par des avancées rapides et une sophistication croissante. Des technologies telles que la reconnaissance faciale, l'analyse biométrique et l'analyse avancée des données sont de plus en plus répandues, permettant aux gouvernements et aux entreprises de surveiller les individus avec une précision sans précédent. Ces technologies peuvent être utilisées à diverses fins, notamment pour l'application de la loi, la sécurité nationale et les applications commerciales.

La technologie de reconnaissance faciale, par exemple, permet d'identifier les individus en temps réel, de suivre leurs mouvements et d'analyser leur comportement. Si cette technologie peut améliorer la sécurité et simplifier les processus, elle soulève également d'importantes préoccupations en matière de confidentialité. Le risque d'utilisation abusive et l'absence de cadres réglementaires solides exacerbent ces inquiétudes, faisant craindre un État de surveillance où chaque mouvement des individus serait surveillé et enregistré.

IA et Big Data : L'intelligence artificielle (IA) et le Big Data transforment le paysage de la surveillance et de l'analyse des données. Les algorithmes d'IA peuvent traiter rapidement et avec précision de vastes quantités de données, identifier des modèles et faire des prédictions impossibles à réaliser pour les humains. Cette capacité est particulièrement précieuse dans le domaine de la surveillance, où l'IA peut analyser des séquences vidéo, l'activité sur les réseaux sociaux et d'autres sources de données pour identifier les menaces potentielles et les comportements suspects.

Le big data désigne les volumes massifs de données générés par les activités numériques, notamment les transactions en ligne, les interactions sur les réseaux sociaux et les données des capteurs de l'Internet des objets (IoT). L'intégration de l'IA et du big data permet une surveillance plus complète et plus détaillée, permettant aux gouvernements et aux entreprises d'obtenir des informations plus approfondies sur les comportements et les préférences des individus.

Cependant, l'utilisation de l'IA et du big data à des fins de surveillance soulève également des questions éthiques et juridiques. Le risque de biais dans les algorithmes d'IA, le manque de transparence dans la collecte et l'analyse des données et le risque de violation des données sont des préoccupations majeures. Il est essentiel de veiller à ce que ces technologies soient utilisées de manière responsable et éthique pour protéger la vie privée et les libertés civiles des individus.

Cybersécurité et cyberguerre : L'avenir de la cybersécurité et de la cyberguerre est étroitement lié au discours de l'État profond. À mesure que les technologies numériques s'intègrent de plus en plus aux infrastructures critiques, le risque de cyberattaques et de cyberespionnage augmente. Les groupes de piratage et les cybercriminels parrainés par les États représentent des menaces importantes pour la sécurité nationale, la stabilité économique et la sécurité publique.

La cyberguerre implique le recours à des attaques numériques pour perturber, endommager ou prendre le contrôle des systèmes d'information d'un adversaire. Ces attaques peuvent viser des agences gouvernementales, des installations militaires, des institutions financières et d'autres infrastructures critiques. Le virus Stuxnet, une opération conjointe des agences de renseignement américaines et israéliennes, est un exemple notable d'arme informatique conçue pour perturber le programme nucléaire iranien.

La fréquence et la sophistication croissantes des cyberattaques soulignent la nécessité de mesures de cybersécurité robustes. Les gouvernements et les organisations doivent investir dans des technologies de sécurité avancées, développer des stratégies de cyberdéfense complètes et collaborer à l'échelle internationale pour faire face à la menace croissante de la cyberguerre.

Considérations éthiques et juridiques : Les considérations éthiques et juridiques entourant les technologies de surveillance et les cyberopérations sont complexes et multidimensionnelles. Veiller à ce que ces technologies soient utilisées d'une manière qui respecte les droits et les libertés des individus constitue un défi de taille. Les cadres juridiques doivent être mis à jour pour répondre aux problèmes uniques posés par la surveillance numérique et la cyberguerre.

L'une des principales préoccupations éthiques est le risque d'abus de pouvoir. La capacité de surveiller et d'analyser les activités des individus à grande échelle peut être utilisée pour réprimer la dissidence, cibler les opposants politiques et porter atteinte aux libertés civiles. Il est essentiel d'établir des lignes directrices claires et des mécanismes de surveillance pour prévenir les abus et protéger les droits des individus.

La transparence et la responsabilité sont également essentielles. Les gouvernements et les organisations doivent faire preuve de transparence quant à leurs pratiques de surveillance et prévoir des mécanismes de contrôle et de recours. Cela implique d'informer le public sur la collecte et l'utilisation des données, de veiller à ce que les activités de surveillance fassent l'objet d'un examen indépendant et de fournir aux individus des moyens de contester une surveillance injuste.

Conclusion : Les avancées technologiques et l'expansion des capacités de surveillance sont au cœur de l'évolution de la théorie de l'État profond. L'avenir des technologies de surveillance, le rôle de l'IA et du big data, les implications de la cybersécurité et de la cyberguerre, ainsi que les considérations éthiques et juridiques entourant ces développements soulignent la nécessité d'une réglementation et d'une surveillance rigoureuses. Il est essentiel de comprendre ces questions pour explorer le concept plus large de l'État profond et ses implications pour la vie privée, les libertés civiles et la gouvernance démocratique.

Mondialisation et relations internationales

La théorie de l'État profond s'étend souvent au-delà des frontières nationales, suggérant qu'un réseau caché d'entités puissantes opère à l'échelle mondiale, influençant les organisations internationales et façonnant les politiques mondiales. Cette section explore le rôle des réseaux transnationaux, les implications des structures de gouvernance mondiale, l'influence de la coopération et des conflits internationaux, et fournit des études de cas d'événemênts et de politiques internationaux encadrés par le récit de l'État profond.

Réseaux transnationaux : Les réseaux transnationaux, tels que le Groupe Bilderberg, la Commission trilatérale et le Forum économique mondial, sont fréquemment cités dans les récits de l'État profond comme exemples de rassemblements d'élite où les politiques mondiales seraient élaborées à huis clos. Ces réseaux rassemblent des dirigeants politiques, des chefs d'entreprise et des universitaires du monde entier pour discuter et se coordonner sur diverses questions.

Le Groupe Bilderberg, fondé en 1954, organise des réunions annuelles auxquelles participent des personnalités influentes d'Amérique du Nord et d'Europe. Ces réunions sont privées et le manque de transparence a alimenté les spéculations sur l'influence du groupe sur les affaires mondiales. De même, la Commission trilatérale, créée en 1973 par David Rockefeller, vise à encourager la coopération entre l'Amérique du Nord, l'Europe et l'Asie sur les questions économiques et politiques. Les critiques affirment que ces réseaux fonctionnent comme des gouvernements fantômes, prenant des décisions qui affectent la population mondiale sans rendre de comptes au public.

Gouvernance mondiale : Le concept de gouvernance mondiale fait référence à la gestion collective des questions internationales par le biais d'institutions et d'accords qui transcendent les frontières nationales. Des organisations telles que l'Organisation des Nations Unies (ONU), le Fonds monétaire international (FMI) et la Banque mondiale jouent un rôle important dans la gouvernance mondiale, abordant des questions allant de la paix et de la sécurité au développement économique et à la durabilité environnementale.

Les discours sur l'État profond présentent souvent ces organisations comme des outils d'une élite mondiale qui cherche à contrôler les gouvernements et les économies nationales. L'ONU, par exemple, est considérée par certains comme un instrument permettant d'imposer des normes et des politiques internationales qui portent atteinte à la souveraineté nationale. Le FMI et la Banque mondiale sont critiqués pour leurs programmes d'ajustement structurel, qui sont perçus comme donnant la priorité aux intérêts des pays riches et des multinationales au détriment de ceux des pays en développement.

Coopération et conflits internationaux : La coopération et les conflits internationaux influencent considérablement la perception d'un État profond mondial. Les efforts de coopération, tels que les traités internationaux, les accords commerciaux et les opérations militaires conjointes, sont souvent présentés dans le récit de l'État profond comme la preuve d'un effort coordonné pour façonner les politiques mondiales. À l'inverse, les conflits et les tensions géopolitiques sont considérés comme des manifestations de luttes de pouvoir au sein du réseau caché.

Par exemple, les accords commerciaux comme le Partenariat transpacifique (TPP) et l'Accord de libre-échange nord-américain (ALENA) sont considérés par certains comme des mécanismes destinés à consolider le pouvoir des entreprises et à saper la souveraineté nationale. Ces accords sont négociés en secret et leurs dispositions favorisent souvent les multinationales, ce qui laisse penser qu'ils ont des intentions cachées.

Les conflits géopolitiques, comme les tensions actuelles entre les États-Unis et la Chine, sont également interprétés à travers le prisme de la théorie de l'État profond. Ses partisans soutiennent que ces conflits sont alimentés par des factions rivales au sein de l'élite mondiale, chacune cherchant à étendre son influence et son contrôle. L'implication des agences de renseignement, des alliances militaires et des sanctions économiques dans ces conflits renforce la perception d'un réseau caché manipulant les événements mondiaux.

Études de cas : Plusieurs événements et politiques internationaux ont été intégrés dans le récit de l'État profond, illustrant l'influence perçue d'un réseau mondial de pouvoir. La crise de la dette européenne, qui a débuté en 2009, a vu des pays comme la Grèce, l'Espagne et le Portugal mettre en œuvre de sévères mesures d'austérité comme condition pour recevoir une aide financière du FMI et de la Banque centrale européenne. Ces mesures ont entraîné d'importantes difficultés sociales et économiques, alimentant les critiques sur le rôle des institutions dans l'élaboration des politiques nationales.

La réponse à la pandémie de COVID-19 en est un autre exemple. La coordination mondiale des mesures de santé publique, de la distribution des vaccins et des efforts de relance économique a été interprétée par certains comme la preuve qu'un État profond mondial orchestrait la réponse. Les théories du complot sur les origines du virus, le rôle des organisations internationales comme l'Organisation mondiale de la santé (OMS) et l'influence des sociétés pharmaceutiques ont encore alimenté ces récits.

Conclusion : La théorie de l'État profond s'étend souvent au domaine de la mondialisation et des relations internationales, suggérant qu'un réseau caché d'entités puissantes opère à l'échelle mondiale. Le rôle des réseaux transnationaux, les implications des structures de gouvernance mondiale et l'influence de la coopération et des conflits internationaux sont au cœur de ce récit. Il est essentiel de comprendre ces dynamiques pour explorer le concept plus large de l'État profond et ses implications pour la gouvernance mondiale et les relations internationales.

Perspectives d'avenir et réformes

L'avenir de la théorie de l'État profond et son impact sur la démocratie et la gouvernance dépendront de la manière dont les sociétés s'attaqueront aux problèmes sous-jacents qui alimentent ces discours. Cette section explore les réformes potentielles visant à accroître la transparence et la responsabilité, le rôle de l'éducation et de l'éducation aux médias dans la lutte contre la désinformation, l'importance de l'engagement public et de l'activisme, et les implications à long terme pour la démocratie et la gouvernance.

Réformes potentielles : Pour relever les défis posés par les discours de l'État profond et rétablir la confiance du public, plusieurs réformes potentielles peuvent être envisagées. Une plus grande transparence dans les opérations gouvernementales est une étape cruciale. Cela peut impliquer des mesures telles que le renforcement de la protection des lanceurs d'alerte, l'amélioration de la surveillance des agences de renseignement et la garantie que les actions gouvernementales sont soumises à un examen public. Les initiatives de transparence, telles que les programmes de données ouvertes et l'accès public aux dossiers gouvernementaux, peuvent aider à démystifier les opérations gouvernementales et à réduire les soupçons d'agendas cachés.

Les mécanismes de responsabilisation sont également essentiels. La création d'organismes de contrôle indépendants, tels que des inspecteurs généraux et des commissions d'éthique, peut contribuer à surveiller les activités gouvernementales et à tenir les fonctionnaires responsables de leurs fautes. Le renforcement du rôle de contrôle législatif et la garantie que les organismes gouvernementaux sont soumis à des audits et à des examens réguliers peuvent encore renforcer la responsabilisation.

Rôle de l'éducation et de l'éducation aux médias : L'éducation et l'éducation aux médias sont des outils essentiels pour lutter contre la désinformation et les théories du complot. En dotant les individus des compétences nécessaires pour évaluer l'information de manière critique, les sociétés peuvent réduire la propagation de fausses informations et promouvoir une prise de décision éclairée. Les programmes d'éducation aux médias peuvent apprendre aux gens à identifier des sources crédibles, à reconnaître les préjugés et à vérifier les faits. Ces programmes peuvent être intégrés aux programmes scolaires et proposés par l'intermédiaire d'organisations communautaires et de plateformes en ligne.

Il est également essentiel de promouvoir l'esprit critique. Encourager les individus à remettre en question leurs hypothèses, à évaluer les preuves et à envisager des perspectives multiples peut les aider à aborder des questions complexes et à résister à l'attrait d'explications simplistes. Les initiatives éducatives axées sur la pensée critique peuvent permettre aux individus d'aborder l'information de manière réfléchie et de porter des jugements éclairés.

Engagement et activisme du public : L'engagement et l'activisme du public jouent un rôle essentiel dans l'élaboration de l'avenir de la théorie de l'État profond. Lorsque les individus participent activement au processus politique, ils sont plus susceptibles de ressentir un sentiment d'appartenance et de responsabilité à l'égard des résultats. Encourager la participation civique, comme le vote, la participation aux réunions publiques et l'engagement dans l'organisation communautaire, peut contribuer à construire un système politique plus inclusif et plus réactif.

L'activisme peut également être un moteur de changement significatif en sensibilisant à des questions importantes et en plaidant en faveur de réformes. Les mouvements populaires, les organisations de justice sociale et les groupes de défense peuvent mobiliser le soutien du public et faire pression sur les décideurs politiques pour qu'ils répondent aux préoccupations liées à la transparence, à la responsabilité et aux excès de pouvoir du gouvernement. En favorisant une culture d'engagement et d'activisme, les sociétés peuvent créer une démocratie plus dynamique et plus participative.

Conséquences à long terme : Les implications à long terme de la théorie de l'État profond pour la démocratie et la gouvernance sont complexes et multiformes. D'un côté, cette théorie peut éroder la confiance dans les institutions démocratiques et contribuer à la polarisation politique. Lorsque les citoyens croient que leur gouvernement est contrôlé par un réseau caché d'élites, cela sape leur confiance dans la légitimité des élus et du processus démocratique. Cette érosion de la confiance peut conduire à un cynisme accru, à un désengagement du processus politique et à un sentiment d'impuissance chez les citoyens.

D'un autre côté, une plus grande prise de conscience des enjeux liés à la transparence et à la responsabilité des pouvoirs publics peut favoriser la mise en œuvre de réformes significatives et le renforcement des institutions démocratiques. En s'attaquant aux problèmes sous-jacents qui contribuent à la méfiance et à la désillusion, les sociétés peuvent construire un système politique plus résilient et plus inclusif.

Le rôle de la technologie dans la perception du public et la gouvernance va continuer d'évoluer. Si la technologie peut être utilisée pour diffuser de fausses informations, elle a également le potentiel d'améliorer la transparence et de faciliter une plus grande participation des citoyens. Des innovations telles que la technologie blockchain, par exemple, peuvent être utilisées pour créer des systèmes de vote sûrs et transparents, réduisant ainsi le risque de fraude et augmentant la confiance du public dans le processus électoral.

Conclusion : L'avenir de la théorie de l'État profond et son impact sur la démocratie et la gouvernance dépendront de la manière dont les sociétés s'attaqueront aux problèmes sous-jacents qui alimentent ces récits. Les réformes potentielles visant à accroître la transparence et la responsabilité, le rôle de l'éducation et de l'éducation aux médias dans la lutte contre la désinformation, et l'importance de l'engagement et de l'activisme du public sont autant d'éléments essentiels de cet effort. En favorisant une culture de transparence, de responsabilité et de pensée critique, il est possible de contrer l'impact négatif des récits de l'État profond et de construire une démocratie plus solide et plus inclusive.

Glossaire des termes

1. **État profond** : théorie suggérant qu'un réseau caché de fonctionnaires gouvernementaux non élus, d'agences de renseignement et d'autres entités puissantes contrôlent secrètement les politiques nationales et mondiales dans les coulisses.

2. **Inertie bureaucratique** : tendance des grandes organisations, y compris les agences gouvernementales, à résister au changement et à maintenir les procédures et politiques établies.

3. **État de surveillance** : Un gouvernement qui surveille et enregistre de manière approfondie les activités et les communications de ses citoyens, souvent justifiées par des préoccupations de sécurité nationale.

4. **Intelligence artificielle (IA)** : Simulation des processus d'intelligence humaine par des machines, en particulier des systèmes informatiques, y compris l'apprentissage, le raisonnement et l'autocorrection.

5. **Big Data** : Ensembles de données volumineux et complexes qui nécessitent des méthodes et des technologies avancées pour le stockage, le traitement et l'analyse.

6. **Cyberespionnage** : Utilisation du piratage informatique et d'autres techniques informatiques pour recueillir des renseignements, perturber des opérations et influencer des événements, souvent menée par des groupes parrainés par l'État.

7. **Gouvernance mondiale** : Gestion collective des questions internationales par le biais d'institutions et d'accords qui transcendent les frontières nationales.

8. **Réseaux transnationaux** : groupes et organisations qui opèrent au-delà des frontières nationales, impliquant souvent des dirigeants politiques, des dirigeants d'entreprise et des universitaires, pour discuter et coordonner leurs actions sur diverses questions.

9. **Lanceur d'alerte** : Une personne qui révèle des informations ou des activités au sein d'une organisation qui sont jugées illégales, contraires à l'éthique ou incorrectes.

10. **Biais de confirmation** : tendance à privilégier les informations qui confirment ses croyances préexistantes tout en ignorant les preuves qui les contredisent.

11. **Désinformation** : La diffusion délibérée d'informations fausses ou trompeuses pour tromper les gens.

12. **PsyOps (Opérations Psychologiques)** : Opérations destinées à transmettre des informations et des indicateurs sélectionnés à des publics afin d'influencer leurs émotions, leurs motivations et leur raisonnement objectif.

13. **Programmes d'ajustement structurel (PAS)** : Politiques économiques imposées par les institutions financières internationales, telles que le FMI et la Banque mondiale, comme conditions d'aide financière, impliquant souvent des mesures d'austérité et une libéralisation du marché.

14. **Five Eyes** : une alliance de renseignement comprenant l'Australie, le Canada, la Nouvelle-Zélande, le Royaume-Uni et les États-Unis, qui facilite le partage de renseignements.

15. **Technologie de reconnaissance faciale** : une application logicielle biométrique capable d'identifier ou de vérifier de manière unique une personne en comparant et en analysant des modèles basés sur les contours du visage de la personne.

Références

Pour ceux qui souhaitent approfondir le sujet, voici quelques sources et lectures complémentaires :

1. **Livres et articles** :
   - « L'État profond : la chute de la Constitution et la montée d'un gouvernement fantôme » par Mike Lofgren
   - « La route vers le 11 septembre : richesse, empire et avenir de l'Amérique » par Peter Dale Scott
   - « L'usine à ombres : la NSA ultra-secrète du 11 septembre aux écoutes clandestines aux États-Unis » par James Bamford
   - « L'équipe secrète : la CIA et ses alliés contrôlent les États-Unis et le monde » par L. Fletcher Prouty
2. **Rapports et documents** :
   - Le Pew Research Center fait un rapport sur la confiance du public envers le gouvernement
   - Articles de journalisme d'investigation du Washington Post, du New York Times et du Guardian
   - Documents universitaires sur les théories du complot et la psychologie politique
3. **Sites Web et ressources en ligne** :
   - FactCheck.org
   - PolitiFact
   - Snopes
   - Electronic Frontier Foundation (EFF) sur les technologies de surveillance
   - La couverture de la gouvernance mondiale et des relations internationales par The Guardian
4. **Documentaires et films** :

- « Citizenfour » (2014) – Un documentaire sur Edward Snowden et les révélations sur la surveillance de la NSA
- « Le candidat mandchou » (1962) - Un film explorant les thèmes du lavage de cerveau et de la manipulation politique
- « Snowden » (2016) – Un film biographique sur la vie d'Edward Snowden et les fuites de la NSA

Ces références fournissent un point de départ complet pour une exploration plus approfondie de la théorie de l'État profond et de ses implications pour la démocratie, la gouvernance et la confiance du public. Bonne lecture ! ◈